前海股权事务所
Qianhai Equity Business Firm

中力知识科技
ZHONGLI INTELLECTUAL TECHNOLOGY

股权激励
你不能做
——股权激励
失败启示录

刘建刚 李建辉 邵铁健 张宏强 马 伟 谭开强 ◎ 著

深挖27个典型失败案例，解密不为人知的股权陷阱。
天时、地利、人和、庙算，跨过去，才能永葆基业长青!

团结出版社
UNITY PRESS

图书在版编目（CIP）数据

股权激励你不能做 / 刘建刚等著. -- 北京 : 团结
出版社, 2018.8
ISBN 978-7-5126-6590-3

Ⅰ. ①股… Ⅱ. ①刘… Ⅲ. ①股权激励—研究 Ⅳ.
①F272.923

中国版本图书馆CIP数据核字（2018）第204415号

股权激励你不能做

刘建刚　李建辉　邵铁健　张宏强　马　伟　谭开强　著

特约策划： 润商文化　陈　润
责任编辑： 郑　纪
出　　版： 团结出版社
　　　　　　（北京市东城区东皇城根南街84号　邮编：100006）
电　　话：（010）65228880
发　　行：（010）51393396
网　　址： http://www.tjpress.com
E - mail： 65244790@163.com
经　　销： 全国新华书店
印　　刷： 三河市华东印刷有限公司

开　　本： 170×240　1/16
印　　张： 18.25
字　　数： 225千字
版　　次： 2018年11月第1版
印　　次： 2018年11月第1次印刷

书　　号： 978-7-5126-6590-3
定　　价： 60.00元

专家团简介

前海股权事务所、中力知识科技专家团：

刘建刚	李建辉	邵铁健	张宏强	马 伟	谭开强	宋卫华
许亚梅	胡克华	赵曼廷	杨 宇	黄俊铖	曾 波	石生仑
许亚红	涂国志	马福臣	吴开权	覃恩侨	张铭焯	刘九章

中国股权激励实战咨询及培训辅导领先团队，研发专利 30 余项，完成多项国家相关课题研究，深度服务过数百家上市公司、新三板企业、国有企业，数千家拟上市公司和成长型企业。

团队坚持独立思考和自主创新，研发了现代企业商业运营核心知识体系，拥有多项知识产权。产品和服务涉及商业决策与创新、产业升级、公司治理、股权架构与控制权设计、股权激励、合伙人机制、股份改制、股权融资、并购重组、上市规划、市值管理与股权价值发展等顶层设计与股权运营领域。还包括企业家精神、企业文化、领导力建设、赋能型绩效、人力资本发展、企业传承、新生代企业家训练、科技创新服务等板块。

I

赋能用户，引领行业

这是产业大革命时代，新技术、新产业、新模式、新业态呼啸而来，人类从未有过如此壮怀激烈的产业迭代史，层出不穷的产业英雄创造了一个又一个充满想象力的商业故事，引领最前沿的产业风潮。

这轮产业风潮是前所未有的大融合，产业边界日渐模糊，企业成长逻辑发生深刻变化，商业的成功很难是单个要素的推动，技术、模式、资本、运营等元素的有效融合，才可能跑出一个有价值的商业体。这些融合已经不能依靠生产要素和其他资源，对人的依赖成为绝对，人的知识和能力已然是企业最核心的资产，我们真正进入了人力资本时代。越来越多的行业，人的知识和能力同样成为了最核心的生产要素，如何在公司制下实现最大程度的人合，就成了这些行业企业的痛点。这个因素，是当下中国企业实施股权激励的最主要原因，所谓委托代理制对股权激励机制的推动，反而不是最现实的理由。

在这个大环境下，越来越多的企业有了实施股权激励的紧迫性和积极性，但环顾目前导入了股权激励机制的企业，效果欠佳者不在少数。市面上关于股权激励的书籍亦汗牛充栋，概念满天飞舞，基本大同小异，程式化、套路化严重，对企业个性化指导性和实战性差。业界真正需要一套具备独立思考体系，应用性广、实践性强的股权激励专业书籍，来帮助从业人员及企业推动股权激励有效实施。

在这样的背景和使命驱动下，《股权激励三部曲》终于问世了。丛书思考了三大核心问题：究竟什么样的企业适合做股权激励？为什么有些企业股权激励做得不成功？股权激励在这个新时代究竟怎么做才能发挥最大效用？从《股权激励你不能做》到《股权激励你不会做》到《基于顶层设计的股权激励》分别给出了很好的答案。特别是《基于顶层设计的股权激励》这套知识体系，我们提出了国内首创的股权激励系统逻辑和模型工具，形成了创新的方法论，获得了多项知识产权。

感谢前海股权事务所、中力知识科技诸君的情怀和付出，在繁忙的讲课和咨询工作之余，完成了股权激励三部曲丛书的写作，这是我们集体智慧的结晶，更是我们数年来实践经验和成功案例的一次提炼和总结。感谢我们客户长期对中力的信赖，放心把股权激励项目交给我们咨询实施，为这套丛书积累了宝贵的素材。

希望这套从实战中来，凝聚二十余位股权激励权威咨询专家心血的丛书能够对企业实施股权激励，对从业人员学习股权激励起到一定作用。虽几易其稿，依然难求完美，商榷之处请有识之士不吝交流。

刘建刚

深圳中力知识科技有限公司董事长

前海股权事务所／中国合伙人研究中心创始人

全国中小企业商业与股权研究中心执行主任

2018 年 10 月 27 日晨 5 点

股权激励的势道术

2018 年是改革开放 40 周年，截至 8 月，在美国上市的中国公司中已有超过 90% 实施了股权激励计划，高科技企业几乎全部实施了股权激励；而在中国，前有几百年前晋商以身股制度执天下商界之牛耳，后有华为、腾讯、阿里巴巴等知名企业，以股权激励为重要抓手演绎出一个个创富传奇。

股权激励是潮流，是时代的产物，更是经济蓬勃发展的象征。以下一组 A 股上市公司数据可为佐证：2012 年，实施股权激励的上市公司总计 111 家；2013 年，实施股权激励的上市公司总计 161 家；2014 年，实施股权激励的上市公司总计 192 家；2015 年，实施股权激励的上市公司数量达到 187 家；2016 年进一步上升到 249 家；2017 年有 414 家。截至 2018 年 8 月，已经实施股权激励方案的 A 股上市公司已经达到 1327 家，占 A 股上市公司总数的 37.5%。（数据来源：wind，前海股权事务所、中力知识科技整理）

众多中国企业以股权为纽带，以激励为手段，有人成功，亦有人失败，成功不难总结，光彩照人，明亮四方；而失败因何所致，更需要我们关注和总结。前海股权事务所、中力知识科技作为一家股权激励研究的专业机构，更是义不容辞，多年来竭尽所能去寻找"败因"。今年我们专门抽出时间，写作这本《股权激励你不能做》，来揭开中国企业股权激励大败局的谜底。

中华传统国学讲求"取势、明道和优术"，势代表着趋势和方向，道是规律和原则，术是方法和策略，我们从这三个维度来谈谈企业家的股权激励败因。

第一，很多股权激励失败案例，根源在于企业家未能"取势"，他们对大势的理解是错误的或浅薄的。

传统经济时代，机器、厂房、土地等物质资本的作用大于人力资本，拥有物质资本的企业家，在拥有人力资本的员工面前是高高在上的。新经济时代，企业竞争力的源头活水越来越向人力资本倾斜，管理学大师德鲁克指出，如何管理知识型员工成为 21 世纪最大的管理挑战。股权激励作为以"共创、共享、共担"为本质的管理机制，在激励和约束人力资本方面具有无可取代的价值与作用，已经成为企业吸引人才、留住人才和激发人才潜能的核心策略。

国内统计数据表明，实行股权激励制度的上市公司，其股票价格表现明显好于大盘及行业平均水平。其他条件不变的前提下，有些上市公司采用股权激励后，企业营收可以上涨 30% 左右。

深刻洞察大势，方能真心与核心员工共享收益、共享权力，正确的股权激励初心，能够规避老板越级管理、行权条件设置过高等诸多股权激励败因。

　　第二，很多股权激励失败案例，是因为企业家未能"明道"，他们没有掌握股权激励的基本规律和原则。

　　来看一个例子。我们发现，在很多相关书籍或者培训课程中，老师们只一味教导企业老板应该开放心态，以宽阔胸襟与员工分享企业利益，似乎只要解决了老板的心态问题，股权激励的实施就可以无往不利。

　　但在股权激励实操的过程中，常常发生这样的情况：老板非常大方，给出不少股权在企业推行股权激励，行权价格也不高，可是到实施阶段才发现，激励计划却无法落地。为什么？因为员工并不领情，不愿意买分配的股份，可见，股权激励不是一个单方面分配股权的过程，不能认为只要老板愿意给，员工就会愿意要。

　　解决这个问题，需要回到股权激励的一个基本原则——企业的股权要有价值。

　　股权激励说白了，其实也是一种投资。在资本市场，没有价值的股权，自然没人要。股权激励同样如此。如果企业并不具有投资价值，员工不仅不愿意参与股权激励，还会心生怀疑与反感，甚至认为老板是想借由股权激励套现，让员工买单。于是，股权激励演变成老板与员工的博弈，"激励不成反成仇"的事件接连发生。

　　此外，股权激励的基本原则还包括确保企业家控制权、激励对象需动态调整等等，本书的种种失败案例将提醒大家这些原则有多么重要。

　　第三，很多股权激励失败案例，是因为企业家未能"优术"，缺乏优秀的股权激励方法与策略，不仅会事倍功半，甚至适得其反。

　　"优术"的内容很多，例如实施股权激励要高度重视沟通问题，激励对象对激励方案的认知和接受程度越高，股权激励的效果就会越明显。在激励计划实施前，企业应充分采纳激励对象的意见和建议，合理设计方案细则内容，股权激励计划才能获得认可与支持。上市公司的股权激励，还需要和广大投资者进行良好沟通，不能闭门造车制订激励计划，书中就包含了在这方面出现问题而导致激励失败的案例。

再比如对于不少员工来说，无论是理解股权激励的内容，还是接受自己未来的新权力与新角色，都需要一个消化过程。如果股权激励方案没有依托各种方法策略，导入企业日常管理系统中，让激励对象在日常工作中不断适应，员工也难以做到逐渐熟悉企业价值与自我价值之间的新型关系，唤醒内心潜藏的工作激情，以企业的发展目标为自己的奋斗目标。

《股权激励你不能做》对企业股权及股权激励失败案例的抽丝剥茧、深度剖析、完整解读，为广大企业不再重蹈覆辙，避免风险，降低股权激励实施成本提供了重要参考。

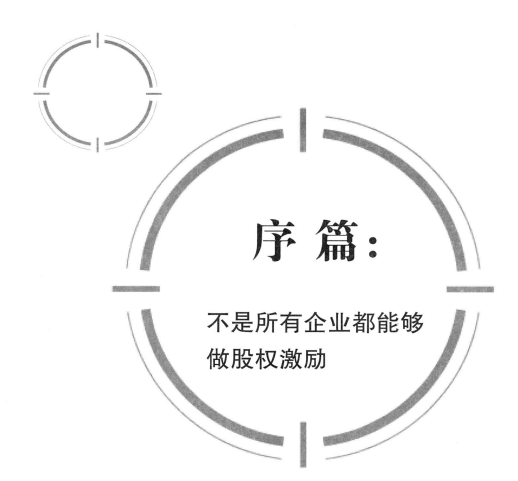

序 篇：

不是所有企业都能够
做股权激励

股权激励对企业究竟有多好？

股权激励这个概念对企业来说并不陌生。在人们的头脑中，往往将"股权激励"同"绩效考核"、"薪酬设计"等概念等同起来。把股权激励等同为人力资源层面的薪酬改革，只是将其局限为利益的分配。因此，尽管许多企业老板也认同股权激励是用以激励员工、留住人才的好东西，但一旦提及，他们总是推三阻四，说"等有钱再做"。

"等有钱再做"，说明企业还是想做，只是"心有余而力不足"，一时半会儿还顾不上做股权激励。这些老板之所以有这样的认识，是忽略了"股权激励"中的"股权"这个重要概念，没有认识到"股权"中所包含的价值。

"引无数英雄竞折腰"的股权价值

我们认为，"股权"包括三种价值：利润价值、资产价值和资本价值。

任何企业的存在都是跟股权有关系的，而且"股权"对任何企业都是公平的，不论什么性质的公司，从工商注册的第一天起，都有100%的股权。有的企业能把股权的作用发挥到极致，有的企业则要么无视股权的作用，要么将其运用得很糟糕。

股权的利润价值和资产价值大家不难理解。如果公司有着利润的增加，

3

那么公司股份的含金量会相应增加；有的公司不见得有利润，但伴随着设备、土地、品牌等资产价值的增加，股权的资产价值也随之增加。

除利润价值和资产价值之外，"股权"中还包括许多企业老板并不知道或者说并未认识到的股权价值，我们称之为"让无数英雄竞折腰"的股权价值，它就是企业的资本价值，来自于外部投资者比如股民对企业未来发展、未来成长性的看法。企业有两个产品，一个是企业生产的产品和提供的服务；另一个是企业本身。也就是说每个企业本身就是一个商品，它的价值一般叫作资本价值。其核心就是股权价值，其价值就是企业市值。这种价值伴随企业资本运作的整个过程，包含在融资和上市的过程中。

利润价值、资产价值和资本价值，这三种价值构成企业做股权激励的基础，把这些有价值的、长远的、核心的东西跟核心的员工捆绑在一起，这就是股权激励。所谓股权激励，就是先创造价值，再分享价值。

股权激励是"激励"，不是"奖励"

也许有人说，许多没有做股权激励的企业照样做到今天，照样发展得很好。那么，究竟有没有必要做股权激励呢？我们说，当然有必要。

在知识经济时代，企业经营的重心已经从重视"业务"转向重视"人"。企业家也从关注如何增加产品利润，转向思考如何利用人力资本实现更大的价值创造。

在工业时代的传统公司制下，员工创造的剩余价值归老板所有。而在互联网时代的合伙人制下，老板和员工之间已经不是简单的雇佣关系，而是变成事业伙伴。老板要以企业家精神去做事，以愿景为引领关注多方（员工、股东、社会等）需求，而高附加值的员工积极主动为企业做贡献，老板和高附加值人才之间是共创和分享的关系。这种关系被称为合作关系，它讲究的是如何影响和激励员工，而不是传统意义上的考核和奖励。

企业家务必明确，股权激励是"激励"而不是"奖励"。它是对高附加值人才未来创造的价值进行合理分配，不是用既有的业绩来做"奖励"。"奖励"是做减法，是用一个规则来对过去创造的业绩进行分配；而"激励"是做加法，是制定一个规则对未来的不确定性进行分配，从而达到需求的一致性。

用股权做杠杆撬动"权力"游戏规则

股权不只是有"价值"，还包含"权力"，是与公司控制权紧密相关的。当拥有股份时，就拥有了《公司法》赋予的表决权，在没有另外约定的情况下，持股的比例等于投票权的比例。股权中的"权力"和"利益"构成公司两大核心要素，它既能撬动一切核心资源为公司发展所用，也由此引发一系列的合纵连横游戏规则。用得好，公司得以健康持续发展；用得不好，则会使公司危机四伏，如同埋下一颗随时会引爆的定时炸弹。

现实中，围绕股权展开了控制权之争的公司不在少数。

公司发展过程中，多股东的情况是常态。多股东情况下，如何科学合理设置持股比例搭建股权架构，越来越成为公司发展中不容忽视的新课题。尤其是在中国，许多企业是家族企业，或者是同学、老乡、朋友之间的合伙创业，在这种情况下，如果在公司发展之初不科学合理地设置股权架构，那么当企业发展到一定阶段，往往引发公司股东之间的利益之争、权力之争、路线之争，从而制约公司进一步发展。

还有的企业在融资过程中，为了引进资金不惜用大量股份做交换，结果在引来资金的同时，创始人因股份被稀释而失去对公司的控制权，乃至最后被资本驱赶出局。

因此，对公司来说，科学合理的股权架构非常重要，它能使企业得到持续健康的发展，不合理的股权架构设定则使公司的发展后患无穷。

用股权做杠杆吸纳各类社会资本

缺乏资金是众多企业发展面临的主要困境。有的企业因为资金匮乏导致规模难以做大，业务停滞不前；有的企业为了发展不惜借高利贷最后被高利息压得喘不过气；也有的企业因为资金链断裂被迫宣布破产。

精明的企业家会充分利用股权的资本价值，把股权作为杠杆，考虑融资、上市的问题。只要公司有具体业务和盈利模式，对未来有明确的发展方向和长远的奋斗目标，就可以考虑通过分股的方式融资，吸引外部投资者。当企业上市后，就可以在二级市场募集资金，吸纳各类社会资本。

但在融资的过程中，需要引起重视的是，风险投资公司为了确保自己的投资收益，有可能和企业签署"对赌"协议。风险投资公司的"对赌"协议是建立在中国的人口红利上的，而忽视行业竞争以及大的经营环境的变化。早期的企业家往往"饥不择食"，认为"对赌"条款不是问题。结果在具体经营中，方方面面的原因导致上市受阻，最终不得不执行"对赌"协议而抱憾出局。

所以，成也资本，败也资本；或者说，成也股权，败也股权。股权本身是有价值的，是能够用于企业的发展并推动其发展壮大的。但我们是如此的不懂股权，不懂得股权中所蕴藏的规则、逻辑和对立统一，以及持股人之间的博弈。而股权问题是搞股权激励绕不开的一个关键点。玩不转"股权"，股权激励也无从谈起。往往，很多企业就在"股权"上栽跟头，要么创始人出局，要么品牌不再。

用"股权"延续企业传承

所谓企业传承就是指把企业一代代传承下去，做到基业长青。尤其是家族企业，更是看重企业传承。

但在中国有"富不过三代"的说法，也就是说，家族企业基本上到第三代就传承不下去。因为中国的家族企业传承的是血缘，相当于世袭，所有权和经营权不分。在这种经营模式下，如果说第一代是从艰苦环境的磨炼中脱颖而出，使产业初具规模；第二代则因为自身所具备的头脑和技能把家族企业做大做强，发展持续稳定；而"含着金钥匙"出生的第三代的身上早已丧失了吃苦耐劳的基因，失去在商海中生存的搏斗能力，他们难以担当振兴家族企业的大任，家道中落成为必然结果。

国外家族企业传承的是规则和股权。在这种机制下，所有权和经营权分离。家族有人才，就优先参与经营；如果家族没人才，就只参股，企业交给团队经营。采用这套机制，家族企业永远可以寻找有眼光有技能的团队参与经营，从而使企业得以健康延续下去。

在今天，还有很多中国企业家认识不到"股权"和企业传承的关系。"股权"思维下的企业传承不是世袭，而是一代领导集体过渡到下一代领导集体。企业家精神不是只属于企业家本人，而是属于一个企业组织，他们将把属于这个企业的超越自我、挑战未来的优良传统一代代延续下去。

一个好的公司治理设计，一个好的股权激励可以为企业的传承助一臂之力。企业家如果能够未雨绸缪，早早做好股权规划，企业的传承就会水到渠成，顺理成章，困扰企业家的"接班人"问题就不再成为问题。

股权激励是"大道"，不是小恩小惠

股权激励是"大道"，企业搞股权激励要围绕企业发展的方向进行，而不是像无头苍蝇似的给员工施以小恩小惠。要把股权激励当成一种机制来设定，把股权激励同公司的顶层设计结合起来，使公司得以永续经营，基业长青。所谓"顶层设计"是指公司核心商业要素的逻辑组合，主要包括四大板块：商业设计（商业模式、战略规划、决策推演）、治理设计（股权架构、治理结构、公司设定）、组织规划（结构设计、组织成长、人才发展）、产融规划（供应链条、业务蓝图、资本路径）。

第一，股权激励要和公司发展的顶层设计相结合，就是要把股权激励升级到企业战略高度。股权激励的对象是为公司创造价值的"人"，一旦企业确立了一套科学合理的顶层设计，并同企业的股权激励结合起来，企业则会以一种运筹帷幄的态势，在激烈的竞争中立于不败之地。

第二，做股权激励必须建立在"股权"有价值上。而股权的价值只有跟企业发展的顶层设计相结合才能彰显。

第三，股权激励强调价值观统一，也就是把"股权"给那些价值观一致的人。是通过商业设计、治理设计、组织规划、产融规划等顶层设计，统一团队思想，明确股权价值，构建股权激励的核心基础。

第四，股权激励是一套创新机制，包括产权机制和分配机制的创新。这套创新机制解决了企业在发展方向明确后，"人"的因素的合理分配和使用，为企业的持续发展和永续经营打下坚实的基础。

股权激励十五大"败因"

股权激励失败，主要有七大主观原因和八大客观因素。

老板的主观认识：其实你并不懂股权激励

1. 你不认识：股权激励体现了创新、分享和情怀

股权激励是一种稀缺资源，是通过股东利润分成时，公司以虚股、实股、期股、期权等多种激励模式，使企业和股东与被激励对象形成需求共同体的激励机制。股权激励是一种有规律、有方法的谋定而后动的挑战；是一种价值观、正能量的分享；是一种不只是立足于追求金钱的情怀。股权激励体现了创新精神，对有分享有情怀的企业家来说能创造更大的价值。如果你从来没有听说过股权激励的概念及其作用，那绝不能做。

2. 你没明白：股权激励要求有科学、公平的机制

股权激励的内在根本在于"激励"。"激励"是目的，但激励是建立在公平公正之上的，中国有句话叫作"不患寡而患不均"，企业实施股权激励是好事，但往往忽略了需要建立一个公平公正公开透明的机制。要有科学合理的考核机制做保障，也要有良好的企业文化氛围做基础，股权激励才能做下去，才会达到预期效果，有时候机制比结果更重要。如果你没有真正明白股权激励的内涵和关键成功要素，那绝不能做。

3. 你没想好：要把股权激励作为一个系统来考虑

想把股权激励做得更好更科学，效果最佳，价值最大，就要把股权激励作为一个整体系统来考虑。要从企业战略高度上来思考，要把股权激励和商业模式、组织规划、公司治理、人才资本发展、企业文化、资本规划路径等结合起来考虑，如果缺乏这些要素配合，彼此之间没有有机组织、有效协同起来，而是为激励而激励，那么股权激励就无法进行下去，因为股权激励本身就是一个系统问题，是需要企业考虑诸多因素在内的一项综合体工程。如果你对股权激励没有一个系统思考，没有一套缜密周全的方案，那绝不能做。

4. 你没方法：股权激励是多阶段、多对象、多模式、多步骤的运用

股权激励是动态的，不是一次性的事，而是多阶段、多对象、多模式的。股权激励的诸多方法和模式可以单独运用，也可以混搭组合运用；可以在不同阶段对不同对象使用，也可以在同一阶段对不同对象使用，还可以对同一对象在不同阶段使用。很多企业做股权激励只考虑一次，既不考虑未来该怎样布局，也不考虑总体的、阶段性的布局，只是一次性地简单粗暴地做股权激励，效果往往都不如人意，后果严重者更适得其反。组织中不同的人才在企业不同的发展阶段所创造的价值是不一样的，因此必须用动态的方式去设计股权激励，要符合企业内生的成长规律。如果你对股权激励没有充分掌握方法和步骤，没有动态实施的科学理念，那绝不能做。

5. 你没追求：股权价值是长期的，首先要有梦想

股权产生的价值是长期的，股权激励相应地也是一种长期行为，所以老板一定要有梦想和追求。股权激励是企业家将一批志同道合的人团结在一起，为一个共同的目标努力，共创一份美好事业，共同分享一个未来。越是有目标的东西越要奋斗，越是长远的东西越要耐心，要心怀远方，高

瞻远瞩，看到企业长期的价值所在。同时要结合企业实际情况，将短期激励和长期激励结合起来，既脚踏实地，又仰望星空；既能立足现在，又能保证未来。如果你小富即安，不思进取，没有企业未来发展蓝图作为基础的股权激励，那绝不能做。

6. 你没格局：对股权要舍得，对人才更要舍得

做股权激励要求企业家必须有开放和舍得的心态，要有利他精神。如果只是谨守"人不为己天诛地灭"，顽固坚持"守财奴"观念，企业难有未来可言。我们不仅要看到有多少人已经成为股东，还要看到有多少人有成为股东的希望。要以激励小部分人而达到拉动绝大部分人的激励效果，企业家对"舍得"这个人生修炼关口，有多少深刻理解和参悟，也往往注定了企业发展的前景，关系到人才的去留。正所谓"格局影响未来"。当然，舍得有度，须讲究技巧和方式方法，要根据企业发展的不同阶段，科学合理进行利益分配，要进行长远的、动态的股权设计。如果你没有一定的胸怀格局，没有以"舍得"为本愿的股权激励，那绝不能做。

7. 你动机不纯：做股权激励要有"正念"与"善念"

企业实施股权激励，给员工股份不仅是为了吸引和留住人才，更多的是要以一种文化愿景和追求目标去引导员工一起奋斗。有些企业做了股权激励，却没有形成合伙人文化，没有形成自身奋斗的精神，没有真正意义的企业愿景、使命、价值观，甚至没有任何的员工行为规范准则，这种盲目"拜金主义"导向，只唯物质不唯精神，只从物质利益上进行分配却没有形成文化引领和约束的股权激励是极其可怕的，企业最终只会深受其害。

股权激励是一把"双刃剑"，它可害人亦可助人，当今社会，总有些企业缺乏"正念"，发心不善，动机不纯，以做股权激励为借口对员工"摊大饼"，试图用一个虚幻的蓝图激励员工，进行非法集资；甚至有些企业

借上市为名"套牢"员工，坑骗经销商或者供应商，让员工和合作伙伴手里的股票变成废纸。这样的股权激励对企业发展只有百害而无一利。如果你的股权激励缺乏正念与善念，那绝不能做。

企业的客观环境：究竟有没有做股权激励的"土壤"？

1. 环境不具备

有的企业并没有做股权激励的客观环境，比如公司股东意见分歧；管理层内部认识不统一；大股东想对员工做股权激励，心怀好意却遭到其他股东的强烈反对；或者大股东常常言过其实，不守承诺，致使核心骨干缺乏信心，对此无动于衷；或者家族企业管理内部问题严重，个别股东想做股权激励，却遭到家族其他成员阻挠及否定。

有的企业管理基础极差，日常经营管理就杂乱无章，倘若实施股权激励，只会雪上加霜，更加忙乱不堪以失败告终。

2. 治理不规范

公司股权架构先天不足，比如两个股东股权均等，或者三个股东、四个股东的股权比例几近平均，无实际控制人，更无一致行动人等。这种先天不足的股权架构会使企业在发展中后患无穷，股权纠纷不断，例如真功夫、雷士照明。

公司治理架构不清晰，相关议事决策规则不明确，或者治理环境不完善，完全缺乏公开公正公平的机制，股权激励的实施效果必然无法得以保障。

3. 条件不成熟

例如国美第一次股权激励是大股东被判刑入狱后，职业经理人在一片混乱中仓促搞的股权激励。因为是在大股东的激烈反对下进行，这次股权激励被人们认为是职业经理人心怀私利，在拉拢其他高管的同时为自己牟利。这种在动荡不安的环境中进行的股权激励最终流产。

任何事情都有两面性，在员工薪酬一定的范围下，公司的估值越高、出资压力也越大，员工反而感觉不到"实惠"。公司效益好的时候，估值势必会高居不下，相应地员工出资额也较大。

4. 时机不恰当

有的非上市公司类型的民营企业，业绩江河日下，团队士气低落，濒临倒闭危机，或者企业新创立之初，核心团队成员尚在磨合期，业务前景不明朗，公司能否生存不得而知之际，想实施股权激励就必须考虑周全，慎之又慎。因此，企业在发展停滞、业绩低迷、市场表现欠佳的时期，不能只寄希望于通过对员工搞股权激励来达到力挽狂澜的效果。

5. 战略无规划

企业主没有事业理想，导致公司发展缺乏长远的规划，每年临时抱佛脚，经营企业总是充满博一把的"赌徒心理"，依靠短期项目或者某种程度的投机来盈利的企业不适合做股权激励。这种企业既然没有战略方向也就没有发展前景，业绩增长和企业发展缺乏稳定性和可持续性，其股份价值也难以获得稳定的增长。在这样的企业，员工的辛劳付出很难有长久好日子可言，更不要谈股权激励。

6. 脱离企业实际

很多老板喜欢脱离企业实际，违背行业发展规律来做事，错误地把不按商业规律和逻辑做事当作一种"魄力"。他们喜欢跟风抄袭，照搬经验；或者人云亦云，依葫芦画瓢，套用模板。比如，看见别的企业在搞股权激励，就在不研究企业发展实际的前提下赶潮流似地跟着干，这种脱离企业实际的股权激励必然流产。

7. 团队能力不足

股权激励的对象主要是企业管理团队，当中不乏核心骨干、优秀员工和功勋老员工，目的是通过一次次的股权激励带动更多的人积极参与企业的发展。被激励对象无疑是企业发展的领头羊，是员工效仿的楷模。当团队成员能力不足，趋于老化，学习力明显无法跟上的情况下，不当的激励反而造成员工错位认知，躺在功劳簿上，不思进取，这样不但业绩做不上去，员工的积极性也因此调动不起来。

8. 方案设计不专业

许多企业的股权激励方案在设计的时候，由于没有考虑到与现行法律法规、财税政策的符合性，导致股权激励成本大幅增加，甚至给未来企业上市造成难以逾越的障碍。

中小企业在股权激励方案的设计及实施过程中，一般都缺乏专业经验，处在一知半解当中，落地过程中所碰到的"疑难杂症"，如果没有专业顾问予以解答、指导与纠正，势必效果不佳。

从中国文化视角看股权激励为什么会失败？

从中国文化视角看，"天时"不对、"地利"不具、"人和"不备、"庙算"不妥，是导致股权激励失败的四大主因。

"天时"不对

自古以来，"天时、地利、人和"是取得成功的关键因素，在实施股权激励上同样如此。

这里所讲的"天时"，是指股权激励的实施要与"大环境"，也就是宏观环境相匹配，包括宏观经济环境、资本市场环境、行业特征以及政策法律环境等等。企业的发展不可能逆"大环境"而行，实施股权激励同样如此。

1. 宏观经济环境对股权激励的影响

宏观经济环境的变化直接影响企业的盈利能力。当宏观经济形势恶化时，投资人以及激励对象都很难对企业的未来发展保持信心，会直接导致股权激励的作用减弱。

2. 资本市场对股权激励的影响

资本市场是企业募集资金的重要来源。通常，股价的上涨与下跌能反映公司价值及市场表现。

资本市场是否有效非常关键，它是股权激励能否发挥激励作用的前提。如果资本市场无效，就会导致投资者无法依据股价对公司的价值进行预测和判断，企业也很难确定激励对象的付出与贡献，进而削弱股权激励的效果。在股权激励实践中，由于资本市场低迷而导致企业终止或撤销激励计划的例子不胜枚举。

3. 行业特征对股权激励的影响

每个行业都有自己的特点，基于所处的行业不同，企业在战略定位、商业模式、市场链接、资源优势、人力资本及发展周期等方面，也会表现出较大的差异，直接影响到企业在实施股权激励时的模式选择、激励对象和范围确定、激励强度和标准的设置等具体环节，进而影响到股权激励的实施效果。

4. 政策法律环境对股权激励的影响

目前，我国已经出台了一系列的相关法律法规，努力为企业股权激励构建良好的法制环境，包括：《上市公司股权激励管理办法》（2016年8月），关于印发《国有科技型企业股权和分红激励暂行办法》的通知（2016年2月26日），关于《股权转让所得个人所得税管理办法》，《关于完善股权激励和技术入股有关所得税政策的通知》（财税〔2016〕101号），等等。这一系列相关法律法规，都影响着企业做股权激励。

"地利"不具

"地利"是指企业实施股权激励时的自身条件，主要包括公司特征、公司治理结构和高管特征等多方面内容。

1. 公司特征对股权激励的影响

公司特征主要包括公司规模、公司成长性等方面的因素。

公司规模对于股权激励效果的影响较大。一般而言，规模和实力相对较大的公司，更有实施股权激励的实力，并且实施股权激励的选择余地较大，股票期权、股票增值权、虚拟股票、限制性股票等都可采用；反之，规模和实力较小的公司，在实施股权激励时，为避免给企业带来难以负担的成本压力，股权激励模式可采取期股、业绩股票、业绩单位、员工持股和延期支付等。

公司成长性就是企业持续发展的能力，能够反映企业未来的经营效益与发展前景。如果激励对象对企业的未来丝毫不看好，股权激励也难以发挥作用。相反，如果企业成长性较好，即便暂时还未盈利，也能做股权激励。如人工智能、精密电子（芯片）、工业机器人、生物医药、新能源、新零售等行业内的企业，都属于成长性好的企业。

2. 公司治理结构对股权激励的影响

公司治理结构是指为实现资源配置的有效性，所有者（股东）对公司的经营管理和绩改进行监督、激励、控制和协调的一整套制度安排，它反映了决定公司发展方向和业绩的各参与方之间的关系。公司治理结构是由所有者、董事会和执行经理层等形成的一定的相互关系框架，通常由股东会、董事会、监事会和经理层组成，它们依据法律赋予的权利、责任、利益相互分工，并相互制衡。

从最终控制人性质的角度，我们可以把企业分成两类：国有企业和民营企业，相比国有企业，民营企业实施的股权激励计划更加多样而灵活。随着股权激励在中国由试点转向全面实施，民企实施股权激励的主要问题也发生了改变，从注重方案设计的细节和监督，变成了关注如何赋予公司更大成长性，如何强化公司的内外部监督，以及如何更好地保护中小股东利益。

企业实施股权激励计划，首先需要经过董事会的批准，并在激励计划推行之前或之后的某个时间段内，由公司股东表决通过，方可生效。股权激励计划如果需要修改，也需获得董事会和股东的批准及审核。在制定激励方案时，要求企业拥有完善的治理结构。

3. 高管特征对股权激励的影响

股权激励是一种中长期的激励措施，因此，企业实施股权激励时应根据高管特征的不同选择相应的激励模式。比如，年纪尚轻的高管人员，往往拥有更大的发展空间和更多的晋升机遇，如果对其进行股权激励，一方面能够更好地留住这些年轻高管，另一方面还可以引导他们习惯从企业所有者的立场思考问题，降低其追求短期个人利益的可能。

高管的薪酬结构也会影响激励模式的选择。为避免高管现金薪酬设置过高对普通基层员工造成负面影响，企业多采取长期激励模式。

"人和"不备

"人和"主要是指股权激励中有关人的因素。与人相关的关系和谐顺畅，会促进股权激励的推动与实施；反之，如果各种关于人的因素没有处理好，则会造成大量的问题与麻烦，甚至导致纠纷与诉讼。

1. 大股东控制导致中小股东利益受损

在公司股权结构中，大股东是指股票占比较大的股东，在股东大会上，第一大股东对公司的重要决策拥有绝对的主导权。

在股权高度分散的资本市场上，大股东有着与中小股东不同的投资目的。大股东掌握着更多的资金，其投资的主要目的是拥有控制权进而掌握公司的发展命脉。而中小股东往往并没有真正的投资意识，他们更关注于公司股票的短期回报而非长期利益，以从股票交易的市场差价中获取投资收益。这样，资本市场细分的结果形成了一批投资集中、要求拥有控制权的大股东和大量投资力度相对小、只要求取得短期利得的中小股东。

从资本市场分布的角度看，大股东由于相对集中，获取公司信息的渠道更通畅便捷，而中小股东分散于不同地方，获取信息极为不便，行使股东权利的成本有时甚至高过未来的收益。由于这种信息上的不对称，很多中小股东在与大股东博弈时，通常不会很积极主动，而是有利就拿，没利就走。同时，中小股东也没有足够的时间与精力耗费在与大股东的不对等博弈上，还有的中小股东则是缺少相应的专业知识与能力来维护自己的权益。一般情况下，大股东与中小股东之间，往往后者总是输家，极少出现中小股东影响或左右大股东的情况。

2. 内部人控制导致企业所有者利益受损

内部人控制，是指在公司所有权与控制权分离的前提下，公司管理层已经在法律或实质上掌握了公司控制权。有些内部人一手握有公司经营决策大权，一手找到了权力寻租和侵吞企业资产的契机。其结果必然导致全体股东的利益被侵占。

3. 高管减持套现方式不合理严重影响股权激励效果

近年来，高管离职后套现或减持原公司股份的行为有高发趋势，尤其是在创业板公司，此现象更是普遍。因而，企业在设计股权激励的退出机制时，需要在股权激励协议文件中明确规定退出后的回收方式。通常可采用直接退出、股权回购、员工转让股权等三种方式。

4. 持股比例不合理造成严重后果

（1）股东持股比例过于平均

持股比例均衡，也就是平衡股权结构，指企业大股东各自掌握的股权比例不相上下，截然有别于某些公司常见的大小股东之间股权比例相差悬殊的状况。对于企业而言，股东持股比例过于平衡，可能会产生很多问题，比如股东之间极易出现拉锯战，股东之间的矛盾逐渐激化，公司股东大会上难以快速达成有效的决议，以及公司控制权与利益索取权的严重失衡。

（2）夫妻共同持股

资本市场上，夫妻股东的情况多发生于民营企业。很多民企在创业初期都是夫妻档起家，或者夫妻两人一起干事业，这样就使得夫妻共同持股的现象非常普遍。

无论从股东结构的角度看，还是从企业管理的角度看，夫妻股东的方式都是非常不合适的。由于两人是夫妻关系，很多时候企业与家庭的界限非常模糊，导致公私不分、财产混淆，更严重影响到公司正常和规范管理。近年来，我国已经发生过多起知名企业的夫妻股东因离婚而陷入公司股权和控制权的激烈争夺，最终导致企业濒临解体的恶劣后果。

（3）家族企业里的挂名股东

某些家族企业习惯让本家族的成员注册为企业股东，但最令人难以理解的是，在工商界注册了的股东实际上并未真正投资，而切实出资的股东和企业管理者却找不到工商注册的信息，出现明面股东和隐性股东的模式，非常不利于企业的正常经营发展。大家关系好时或许没有问题，但假如双方爆发矛盾冲突，明面上的股东完全可以抛弃公司利益，违反真正股东的决定，转手卖掉股权，到时等待他们的，将是一场扯不清道不明的糊涂官司，很可能会牺牲掉企业的前途与未来。

"庙算"不妥

《孙子兵法》有云："夫未战而庙算胜者，得算多也；未战而庙算不胜者，得算少也。多算胜，少算不胜，而况于无算乎。吾以此观之，胜负见矣。"谋划多的就胜利，谋划少的就不能胜利，不谋划的死路一条——这个道理不仅适用于战争，也适用于股权激励。

对于股权激励来说，"庙算"主要是指股权激励计划需要综合考虑、精心制订。研究表明，股权激励的设计对于股权激励的执行与效果都有重大影响。而在股权激励的设计过程中，需要考虑的要素很多，包括：激励对象、激励模式、时间周期、行权价格、行权条件等等。

1. 激励对象的选择对股权激励的影响

对于激励对象的范围，我国相关法律法规已作出了一些具体要求。在《上市公司股权激励管理办法》中规定，合格的激励对象包括：董事、高级管理人员；核心技术人员、核心业务人员；在境内工作的外籍员工任职上市公司董事、高级管理人员、核心技术人员或者核心业务人员的；公司认为应当激励的对公司经营业绩和未来发展有直接影响的其他员工；实务中，包括上市公司全资或控股子公司的上述人员。

不适合的对象包括：独立董事、监事；单独或合计持有上市公司5%以上股份的股东或实际控制人及其配偶、父母、子女，不得成为激励对象；其他不得成为激励对象的人员还有最近12个月内被证券交易所认定为不适当人选；最近12个月内被中国证监会及其派出机构认定为不适当人选；最近12个月内因重大违法违规行为被中国证监会及其派出机构行政处罚或者采取市场禁入措施；具有《公司法》规定的不得担任公司董事、高级管理人员情形的；法律法规规定不得参与上市公司股权激励的；中国证监会认定的其他情形。

这些具体而详尽的法规为股权激励的对象选择提供了明确的指导原则，具有极强的限制与约束作用。

2. 激励模式的选择对股权激励的影响

激励模式就是股权激励运用标的物的方式。而激励模式不同，对激励效果、团队稳定度、约束作用、持有风险、激励成本、股东权益等方面，就会分别产生不同的影响。因此，企业在选择股权激励模式时，应该结合自身所处环境、发展阶段、财务状况、治理结构、团队能力水平等多方面因素全面考量。

3. 时间周期的选择对股权激励的影响

股权激励的时间周期就是指激励计划的有效期。如果有效期过短，激励对象可能会只关注企业短期内的经营业绩，只要求达到解锁条件并行权即可，无法对员工产生真正的激励效果。如果有效期较长，就能促使激励对象以企业长远发展为目标，有助企业长期可持续发展。

4. 行权价格的选择对股权激励的影响

股权激励的价格设定需要考虑激励性与收益性。非上市公司的激励价格一般参考公司净资产，若有投资机构进入，则按照投资机构最近一次进入时的价格给予折扣；上市公司的股权激励价格则需要按照法律法规要求进行，但可结合公司股价及资本市场整体趋势来实施。

5. 行权条件的选择对股权激励的影响

行权条件是解锁限制性股票或股票期权所需达到的条件。对于股权激励的授予（行权）条件，上市公司应当设立激励对象获授权益、行使权益的条件，分次授出权益的，应当就每次激励对象获授权益分别设立条件；分期行权的，应就每次激励对象行使权益分别设立条件。

天时篇

股权激励的实施要与"大环境"，也就是宏观环境相匹配，包括宏观经济环境、资本市场环境、行业特征以及政策法律环境等。

第一章

经济形势恶化影响股权激励

第一节 美好集团：

缺乏大局观的股权激励屡战屡败

近年来，中国房地产行业经历了翻天覆地的变化：市场规模急剧扩大，行业集中度不断提升，大型房企快速发展，中小房企超速追赶。随着房地产进入白银时代，行业竞争日趋白热化，各房企对于人才的需求量也不断增长，房地产业内的人才争夺大戏愈演愈烈。

为了应对人才危机、促进公司业绩快速增长，越来越多的房地产上市公司开始实施股权激励计划。有些房地产上市公司在实施股权激励计划之后，取得了良好的激励效果，公司业绩明显提高。但是，有些房地产上市公司的股权激励计划推行不畅或以失败告终，甚至还未开始便被叫停。

本节所讲述的美好集团的案例在我国房地产行业中具有一定普遍性，美好集团的股权激励计划之所以一再碰壁，其根源正在于受到了当时国内外经济形势恶化的极大影响。希望我国尚未实施股权激励的房地产上市公司能够从美好集团的教训中得到启示，让股权激励真正成为助力企业发展提升的一把利器。

三度折戟

在中国房地产行业的股权激励实践中，美好集团的案例颇具代表性——虽然并非第一家推出股权激励计划的房地产上市公司，但美好集团却是第一家股权激励失败的房企，同时也创下了短短 5 年内 3 次股权激励均失败的纪录。

表 1-1-1 美好集团三次股权激励情况概览

激励次数	草案公布时间	方案终止时间	方案实施进度	股权激励结果
第一次股权激励	2008.4	2008.9	未实施撤销	激励失败
第二次股权激励	2009.7	2011.4	终止实施	激励失败
第三次股权激励	2011.12	2013.7	终止实施	激励失败

2008 年 4 月，美好集团首次推出股权激励计划，采取股票期权的激励模式。然而，在当年 9 月召开的会议中，股权激励计划草案未能审议通过。后美好集团发布公告，以"证券市场发生重大变化导致激励计划无法实现激励目的，已不具备可操作性"为由，宣告终止此次股权激励计划。美好集团就此成为中国第一家推出股权激励草案却在实施前终止激励计划的房地产上市公司。

经过近一年的沉淀之后，2009 年 7 月，美好集团公布了第二次股权激励计划草案，并于当年 12 月对草案进行了修订。2010 年 2 月，股权激励完成期权授予登记；7 月，公司对股票期权数量和行权价格进行了调整。2011 年 4 月，因 2010 年相关业绩指标未达到行权条件中的要求，美好集团董事会决定终止本次股权激励计划。至此，美好集团第二次股权激励告吹。

时隔仅数月，2011年12月，美好集团推出第三次股权激励计划草案。2012年6月，草案修订版通过董事会审核，同年7月，美好集团首次向激励对象授予限制性股票。然而好景不长，2013年7月，第三次股权激励计划宣告终止，美好集团声称，终止原因是公司2012年业绩指标未达到股权激励第一期要求的解锁条件，继续实施已无法达到预期的激励效果。

名流置业集团股份有限公司[1]限制性股票激励计划（修订稿）
（2012年6月27日）

本公司拟以定向发行新股的方式，向激励对象授予不超过3000万股限制性股票，授予数量占本计划公告日公司股本总额的1.1721%；其中预留部分为300万股，占本计划授予的限制性股票总量的10%。当解锁条件达成时，激励对象可按本计划的规定分年度申请获授限制性股票的解锁；限制性股票解锁后可依法自由流通。

本计划的激励对象范围为公司董事、高级管理人员、中层管理人员、核心骨干人员，不包括独立董事、监事和持股5%以上的主要股东或实际控制人及其配偶、直系近亲属。本计划授予的激励对象总数为78人，占员工总数的5.55%。

本计划有效期为首次授予日起48个月，在首次授予日的12个月后分三期解锁，解锁期为36个月。

本计划首次授予激励对象每一股限制性股票的价格为1.15元，该价格为本计划草案公告日前20个交易日公司股票均价2.29元的50%。

---

[1] 名流置业集团股份有限公司为美好集团前身。

本计划首次授予激励对象的限制性股票分三期解锁，在解锁期内满足本计划解锁条件的，激励对象可以申请股票解除锁定并上市流通。以 2010 年为基准年，首次授予日所在年度为 T 年度，各年度业绩考核条件如下表所示：

表 1-1-2 美好集团第三次股权激励业绩考核指标

解锁条件	业绩考核标准
首次解锁条件 （T 年度）	①T 年度归属于上市公司股东的净利润及归属于上市公司股东的扣除非经常性损益的净利润不低于授予日前最近三个会计年度的平均水平且不为负； ②T 年度较 2010 年归属于上市公司股东的扣除非经常性损益的净利润增长率不低于 100%； ③T 年度扣除非经常性损益后的加权平均净资产收益率不低于 6%。
第二次解锁 条件 （T+1 年度）	①T+1 年度归属于上市公司股东的净利润及归属于上市公司股东的扣除非经常性损益的净利润不低于授予日前最近三个会计年度的平均水平且不为负； ②T+1 年度较 2010 年归属于上市公司股东的扣除非经常性损益的净利润增长率不低于 200%； ③T+1 年度扣除非经常性损益后的加权平均净资产收益率不低于 12%。
第三次解锁 条件 （T+2 年度）	①T+2 年度归属于上市公司股东的净利润及归属于上市公司股东的扣除非经常性损益的净利润不低于授予日前最近三个会计年度的平均水平且不为负； ②T+2 年度较 2010 年归属于上市公司股东的扣除非经常性损益的净利润增长率不低于 300%； ③T+2 年度扣除非经常性损益后的加权平均净资产收益率不低于 12%。

股权激励计划的三度受挫，对美好集团市场业务及内部稳定造成了极大的负面影响，业绩不振、股价下滑、高管离职等诸多问题随后接踵而至。但是，从当时的整体环境来看，美好集团的遭遇显然并不罕见。

据统计，截至 2018 年 8 月底，共有 1327 家上市公司推出 2150 份股权激励计划，其中包括房地产上市公司的 84 份股权激励计划方案，占比为 3.90%。在这之中，顺利实施的股权激励计划有 63 份，停止实施激励计划的有 17 份，激励失败率达到 20%。

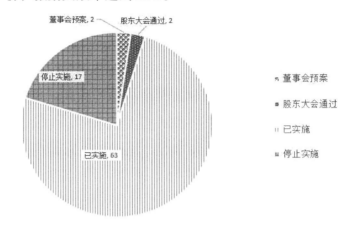

图 1-1-1 我国房地产上市公司股权激励实施情况

行业隐痛

美好集团的股权激励之路为何屡屡受阻？又是什么原因让房地产企业的股权激励计划普遍折戟沉沙？回答这个问题之前，我们首先需要对房地产的行业特征做一个深入的了解。

长期以来，在我国经济构成中，房地产一直是"拉动国民经济发展的支柱产业之一"。随着房地产业的市场规模和贡献不断增强，如何在新时代继续扮演好"支柱角色"是房地产行业需要解答的一个时代命题。

在几十年的发展历程中，我国房地产逐渐形成了自己的行业特征，其中最为突出的特征就是周期性和政策性强。

房地产行业与经济息息相关，其发展周期也与经济发展周期密不可分，而经济周期又与国际形势有着解不开的关系。国际形势一旦跌宕起伏，国内经济也会出现波动，房地产行业则会随之不断变化。因此，房地产企业必须具有全球战略视野，将宏观环境作为第一考量，密切关注国际国内局势对于经济环境产生的影响，并谨慎审视其可能对自身、行业发展造成的影响，提前做好应对准备，以便及时处理相应的风险，并把握风险背后的机遇。

与此同时，房地产也是最易受到国家宏观调控影响的行业，因此，房地产行业对任何宏观政策因素都有强烈的敏感度，比如购房政策、税收政策、土地出让政策、购房贷款政策等，每一次相关政策的出台，都会给房地产行业带来强烈震撼，并使房地产行业发生一定改变。而随着近年来国家对房地产行业的调控愈加频繁愈加强势，房地产市场开始逐渐有收缩征兆，房地产企业必须勇敢面对这些挑战，找到新时代的生存发展之道。

自 2006 年股权激励的当代理论被正式引入我国之后，不少企业便将其视为留住人才团队、完善治理结构、实现战略规划的有力工具。基于房地产行业在国民经济中占据的重要地位，房地产行业在股权激励领域的所有探索和尝试，无论对于整个国家还是行业自身来说都有难以估量的价值与意义。

2008 年，我国共有近十家房地产上市公司推出股权激励计划，最终均以停止实施而告终，股权激励失败率高达 100%，其中就包括美好集团。而导致众多房企在股权激励上铩羽而归的关键肇因，正是这一年席卷全球的金融危机。金融危机使整个房地产行业陷入低谷，美好集团的业绩增长也深受其害。2008 年至 2009 年，美好集团一改之前利润高速增长的态势，净利润持续下降。

除了受累于金融危机对房地产销售业绩带来的负面影响，美好集团2008 年股权激励失败还与金融危机所造成的房地产股价下挫有关。美好集团首次推出的股权激励计划，是基于 2006 年和 2007 年股票牛市的市场数据之上。但是，自从 2008 年国内股市由牛市转为熊市后，美好集团的股价也一路下跌，更加剧了公司股权激励对象的行权难度。

2009 年，为了挽救持续走低的中国经济，国家宏观政策的雨露开始洒向干旱已久的中国房地产市场，在政策支持下，房地产业迅速出现了复苏的迹象。然而，当察觉到房价增长过快、房地产行业的投机风气渐浓时，政府再次强势出手，充分发挥其调控威力。从 2009 年 7 月开始，国家有关部门先后公布了"国四条"、"国十一条"以及"国十条"等限制性政策，房地产行业的发展速度被迫慢了下来。2008 年至 2011 年，整个房地产行业的利润指标都呈下降态势，就连当年中国房地产行业的"带头大哥"万科也不敢露出头来，更别提美好集团这种"明日之星"。

美好之殇

由上可知，对于我国房地产企业来说，是否实施股权激励，以及股权激励成功与否，外部宏观环境是一个决定性指标。从这个角度来检视和反思美好集团的三次股权激励计划，我们或许也能从中找到解决房地产企业股权激励失败率高的办法。

首先，美好集团因忽视国内外形势变化，设定了不合理的行权价格。

房地产行业的周期性和政策性极强，当房地产行业发生巨大的震荡，房地产企业的股价必然会跟着起伏，此时，股价已无法真实反映激励对象对企业所作出的贡献，而固化的行权价格自然也难以逃脱市场系统性风险以及行业变化造成的影响。

美好集团首次股权激励方案中，设定的行权价格为 12.32 元 / 股，2008 年的金融危机导致全球股市震荡，国内房地产股价也迅速缩水，美好集团难免被殃及，股价迅速下跌至 3.36 元 / 股，大幅度贬值之下形成了股价倒挂的险情。一旦股价跌破股权激励行权价格，无论是否能够达到行权要求，激励对象都不会行权，以免利益受损，股权激励也就失去了实施的价值和理由。

其次，美好集团没有综合考虑市场环境因素，制定了错误的经营战略。

2005年至2007年期间，美好集团连续进行了大规模的资本市场增发和全国土地扩张，2007年更是收购了7家项目公司，一时间声名鹊起。这些收购大部分采用的是协议和并购的方式，虽然省下了大笔的土地成本费用，但诸如房屋拆迁、人员处理等问题也更为错综复杂，导致项目整体开发难度上升，为公司未来业绩的实现埋下了不小的隐患。

更为严重的是，自2008年开始，美好集团因为宏观经济环境不佳，导致公司净利润接连下降，公司管理费用、销售费用等期间费用不仅没有减少，反而不断上升，到了2013年时，美好集团的管理费用与销售费用均已远远超过公司当年净利润。这种此消彼长之下，在净利润不断减少的同时，期间费用侵占了大量利润空间，美好集团的经营问题更加突出。

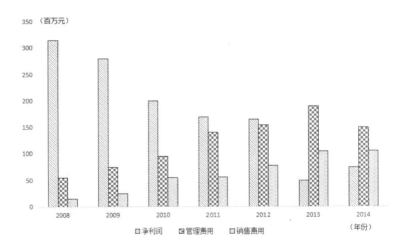

图1-1-2 美好集团2008—2014年经营情况

而就在此时，前期收购时埋下的隐患终于爆发，打击来得如此突然，导致美好集团迅速出现了资金周转不畅的状况，净资产收益率与成本费用利润率更是跟着连连下滑，公司陷入长期投入而回报不足的旋涡，巨大的资金压力又令美好集团无力拯救萎靡的股价，由此形成一种恶性循环。如此低迷的状况之下，又何谈公司业绩，达到行权条件更是成了水中月、镜中花。

综上所述，正是由于只关注身边发生的变化，只拘泥于企业既定的目标，却忽视了对宏观环境的观察与判断，以致屡次错失良机，无法理性应对突发的危机——美好集团的短视与粗心，注定了其股权激励计划难逃失败的命运。

专家点评

强周期性、强政策性行业如何实施股权激励

※ 前海股权事务所、中力知识科技认为，美好集团在实施股权激励过程中存在的问题，可分为以下几方面：

1. 激励目的不明确。

美好集团三次激励目的几乎相同，三次都是强调股权激励的普遍作用。不忘初心，方得始终，股权激励是长期激励，没有清晰的目的和坚定的信念，股权激励很难走到终点或有好的结果。

2. 发展前景不明朗。

美好集团在第三次股权激励中激励了 2 名离职人员，并且由此带来了连锁反应，激励方案公布 20 天后 9 人离职、4 人换岗，究其原因，一方

面是激励对象确定不当；另一方面是经营策略不当导致经营状况不佳、公司前景不明，再加上行权条件过于苛刻，个人通过努力从股权激励获得收益的不确定性较大，使激励对象对公司丧失信心。

3.行权价格不合理。

行权价格的设置是固定的，而固定的行权价格对于房地产这种强周期性、强政策性的行业来说无法避免系统风险，行权价格一旦倒挂，激励对象便不会行权，股权激励方案也就失去了意义。

※ 针对上述问题，前海股权事务所、中力知识科技建议：

1.结合外部形势变化，顺应国家调控政策，主动调整战略布局。

房地产是受外部形势影响极大、对国家调控政策最为敏感的行业，因此，房地产上市公司应该紧跟国家对于房地产行业的政策导向，积极顺应政策趋势变化，同时从自身发展实际出发，相应调整自身的发展规划与业务布局，以改进经营思路，改善经营管理水平。

2.根据宏观环境，明确激励目的，适时推出股权激励。

房地产上市公司应该具备对宏观经济形势的分析与预判能力，选择合适的时机推出股权激励，因为时机不同，股权激励的实施效果就可能不同，如此才能保证股权激励顺利实施，达到激励的预期目的。

3.合理制定行权价格。

在制定行权价格的时候，考虑房地产企业的强周期性，设置合理的价格，激励对象才能在达到行权条件的时候，行使行权权利。

※ 知识点提炼：

企业实施股权激励应看清行业性质，结合行业发展特征，考虑经济形势波动和国家调控政策的影响，科学预测未来行业发展趋势，合理设定自身业绩目标，这就要求企业必须不断提高自身战略视野和经营格局，在此基础上再实施股权激励计划。

第二节 中联重科:

机械制造龙头股权激励尝败绩

2013 年 2 月,一则普通的股权激励公告悄然发布,立时引发市场广泛关注。事实上,从 2013 年年初开始,中国便掀起了一股股权激励的热潮,仅当年前两个月,就有超过 30 家上市公司推出了股权激励方案。那么,这个"随大流"的股权激励究竟有何不寻常之处?答案其实很简单——这则公告背后暗藏着一个两大行业巨头"同城操戈"的故事。

4 个月以前,故事的主角之一——三一重工刚刚推出了股权激励计划,另一主角中联重科也紧随其后,于 2013 年 2 月 29 日发布了股权激励公告。在工程机械制造行业,中联重科与三一重工可谓是"老对手"了,双方的互相"叫板"自然很是夺人眼球。

故事的开场或许算得上轰轰烈烈,但结局却颇有些令人遗憾:中联重科的股权激励计划公布之后,短短一年时间便以失败告终。究其原因,主要是受制于当年宏观经济总体下滑的背景,整个机械制造业状态萎靡,原本支撑机械行业的出口业务随着原材料与劳动力成本的上升逐步放缓,而销售渠道缩减又导致行业产能过剩。宏观环境和行业竞争的双重压力之下,中联重科的总体业绩也未能幸免,原本的激励计划只能沦为书面的承诺,唯有将方案搁置。

作为一家业内"战绩辉煌"的龙头企业,中联重科的股权激励实践非常值得以后的上市公司借鉴。

压力下出台

中联重科股份有限公司创立于 1992 年，其前身是原建设部长沙建设机械研究院，主要业务是高新技术装备的研发制造。经过 20 多年的发展，中联重科现已成为一家覆盖 9 大类别、49 个产品系列、800 多个品种产品的全球化公司，同时也是全球产品链最齐备的工程机械企业之一，公司的两大业务板块——混凝土机械和起重机械均位居全球前列。

2000 年 9 月 15—16 日，经中国证监会核准，中联重科股份有限公司向社会公开发行人民币普通股股票 5000 万股，并于 2000 年 10 月 12 日在深圳证券交易所挂牌上市，股票简称"中联重科"。

2012 年，中国经济增速降到近 5 年来的最低点；全国规模以上工业增加值比上一年增长了 10.0%，增速则回落了 3.9%，与此同时，我国固定资产投资的增速也出现了同比下降。由于宏观经济下行，房地产领域的投资比例也随之下滑，直接导致市场需求不振，尤其是工程机械下游的购买力明显降低。2010 年至 2012 年间，我国机械制造行业的主要产品出现了大规模的产能过剩，行业利润率水平不断降低，2012 年的利润增长率甚至为负。

在整体市场产能过剩、后劲乏力的大背景下，中联重科作为工程机械制造业的龙头企业，为了保持行业竞争优势，就必须积极寻找提高企业利润和公司业绩的办法。

在工程机械市场，中联重科与三一重工在市场占有率和业绩表现上都不相上下，共同占据着行业内半壁江山，二者之间的竞争也一直是市场关注的焦点。2012 年 11 月 5 日，三一重工推出了一份股票期权与限制性股票激励计划，拟以 4.69 元 / 股的价格授予 1363 名公司员工 2279.79 万股股份。

三一重工的股权激励计划出台后，中联重科难免会被投资者拿来比较一番，为保持和提升自身竞争力，中联重科作出了与三一重工相似的战略选择。2013年2月26日，也就是三一重工推出股权激励的3个月之后，中联重科也公布了本公司的股权激励计划草案。3月29日，中联重科第四届董事会会议对草案中股票期权的激励对象、股权激励的成本计算和授予价格进行了一些修改，推出了草案修订稿，并获得通过。

中联重科股权激励计划实施以来，无论是在企业营收还是净利润方面，都没有得到提升，反而保持了此前的低迷。在股权激励计划实施的两年间，营业收入和净利润的绝对值与增长率都比之前两年出现显著下滑。

由图1-2-1可知，股权激励计划发布的首个年度，中联重科的营业收入相较2012年降低了约20个百分点，净利润相较2012年则出现了近50%的下降。时至2014年，这种下降的趋势依然没有好转的迹象，与2013年相比，中联重科的营业收入和净利润分别下滑了32%和84%。此种情形下，股权激励的解锁条件已然难以实现，而当初意在促进公司业绩增长的股权激励计划，也已不再具有激励的效果。

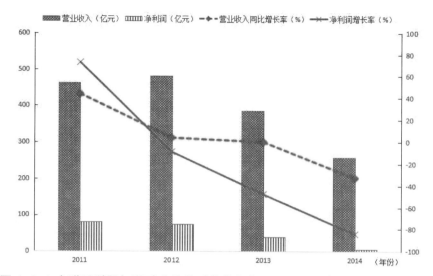

图 1-2-1 中联重科股权激励实施前后营收与归属母公司股东的净利润变化情况

2014 年 3 月 28 日，中联重科董事会集体通过了关于撤销公司股权激励计划的草案，2013 年颁布的股权激励考核办法也一并被撤销。至此，中联重科本次股权激励计划正式终止实施。

误判形势是败因

从最初的被市场普遍看好，到最后的默然离场，中联重科 2013 年股权激励计划仅仅推行了一年即宣告失败，其背后的原因发人深省。

首先，中联重科没有结合宏观环境的形势变化，在股权激励的时机上选择不当。

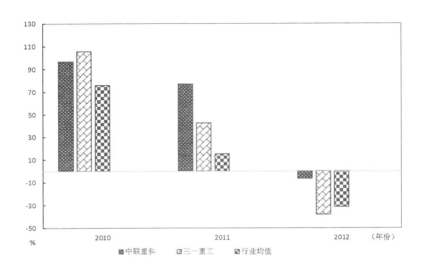

图 1-2-2 中联重科股权激励实施前后营业利润率与行业均值、三一重工的对比

　　中联重科实施股权激励前，因受全球经济增速放缓和国内市场需求疲软的影响，房地产投资增速逐渐减缓，工程机械行业的主要产品销量出现全面的产能过剩，相关上市公司的业绩也因此发生不同程度的下滑，2012年的行业平均利润率相比2010年已经减少了超过1/2。而在整体宏观环境不佳、行业发展受制的背景下，中联重科却抱着盲目乐观的心态，试图通过股权激励促进公司业绩提升。这种错误的时机选择就注定了本次股权激励很可能将会无功而返。

　　值得注意的是，中联重科选在此时推出股权激励，也暴露出其并不单纯的动机。

　　长期以来，中联重科与三一重工的"较劲"不时现诸报端。此前的10年里，中联重科和三一重工都各自忙于行业扩张，然而2007年以来，设备制造行业因为产能过剩的原因，导致市场从供不应求转为供大于求。

于是，三一重工和中联重科这两个行业老大都不免有些急躁，在围绕市场占有率展开争夺战的同时，竞争的策略和手段也稳健不再，转而变得有失激进和草率。

从这个角度看，中联重科选在此时推出激励计划，其目的或许并不完全是为了激励员工努力工作，也可能是行业竞争之下的一种激进行为，其设置的业绩考核指标均比三一重工更为严格，也能从侧面为此推论提供佐证。

其次，中联重科忽视市场限制因素，在行权价格和绩效考核指标的设置上都不尽然合理。

在中联重科的激励计划中规定，行权价格取以下两者中较高者：一是该激励计划公布前一个交易日的股票收盘价；二是该激励计划公布前30个交易日的股票平均价格。而按此规定计算出的行权价格，既忽略了市场大环境变化所带来的影响，也没有考虑到因行业整体下行导致的股价波动水平。

中联重科《公司股票期权与限制性股票激励计划（草案修订稿）》（2013年3月28日）

股票期权行权价格和行权价格的确定方法：

（一）本计划涉及的首次授予的股票期权的行权价格为 8.90 元。

（二）首次授予的股票期权的行权价格取下列价格中的较高者：

本激励计划草案修订稿公布前一个交易日的公司标的股票收盘价 8.18 元；

本激励计划草案修订稿公布前 30 个交易日公司标的股票算术平均收盘价 8.90 元。

（三）预留股票期权行权价格确定方法

预留期权在授予前，须召开董事会，并披露授予情况的摘要。预留股票期权行权价格取下列两个价格中的较高者：

董事会决议公告日前一个交易日的公司标的股票收盘价；

董事会决议公告日前 30 个交易日的公司标的股票算术平均收盘价。

与此同时，中联重科的股权激励计划将净利润增长率设定为业绩考核指标，但是，该指标有可能导致高管们出于机会主义心理以及利益诱惑，通过会计手段短期提升公司净利润以达成考核指标，而放弃了以努力工作切实提升公司营收的正途。

中联重科《公司股票期权与限制性股票激励计划（草案修订稿）》（2013 年 3 月 28 日）

一、公司业绩考核指标

公司会在每个会计年度对公司财务业绩指标进行考核，以达到公司财务业绩指标作为激励对象行权的必要条件。考核标准为：

表 1-2-1 中联重科股权激励业绩考核指标

行权期	业绩考核目标
第一个行权期	2013 年度净利润相比 2012 年度增长不低于 12%
第二个行权期	2014 年度净利润相比 2013 年度增长不低于 12%，且较 2012 年度增长不低于 25.4%
第三个行权期	2015 年度净利润相比 2014 年度增长不低于 12%，且较 2012 年度增长不低于 40.5%

二、个人业绩考核要求

激励对象只有在上一年度绩效考核为合格以上，才能行权当期激励股份。行权期考核若为不合格，则取消当期行权额度，期权份额由公司统一注销。

正是由于中联重科将业绩指标与市场大环境割裂，才导致其制定的考核指标不切实际，同时还可能严重打击一部分高管的工作积极性，使得股权激励的实施工作更难推动。

专家点评

宏观入手，合理实施

※ 前海股权事务所、中力知识科技认为，中联重科在实施股权激励的过程中，主要存在以下问题：

1. 忽视宏观环境和行业趋势，推出股权激励的时机不当；
2. 忽视市场下滑因素，行权条件的设置不尽合理；
3. 对市场盲目乐观，片面追求竞争结果。

※ 前海股权事务所、中力知识科技针对上述问题，提出以下建议：

1. 充分把握宏观环境变化，选择适当的时机，股权激励才能事半功倍；
2. 认真了解市场和行业发展趋势，据此设置合理的股权激励行权条件，股权激励计划才能真正切实有效，发挥对公司高管的激励作用。

※ 知识点提炼：

选择股权激励的实施时机非常关键。企业在考虑是否推行股权激励时，

应该充分分析当前宏观大势以及自身所在行业的现状和市场环境，但凡不综合考虑大环境因素而草率实施的股权激励方案注定会失败。

当市场环境普遍向好时，企业还需警惕股权激励方案变成对公司高管的变相福利，而达不到促进快速度发展的目的；在行业出现下行趋势时，企业千万不能把股权激励看作"救命稻草"，方案设计切忌激进，而要以公司长远发展为目标，让股权激励成为激发员工工作热情、为公司创造价值的动力。

在经历了之前股权激励方案实施失败经验教训后，2017年11月，中联重科再次推出股权激励计划，拟向包括董事长在内的1231名公司高管和核心员工授予权益总计3.81亿股，占公司总股本总额的5%，股票激励来源为向激励对象定向增发的A股普通股。在经历了自2012年以来长达五年的机械行业的"寒冬期"之后，随着基建及房地产投资的稳步增长、供给侧结构性改革和"一带一路"倡议的带动，工程机械行业开始走出衰败周期，公司的业绩也呈连续增长势头。选在此时推出股权激励计划，说明中联重科对2017年至2019年的业绩较有信心，同时，此次股权激励也充分考虑到了宏观环境和行业周期性因素。中联重科2018年第一季度工程机械板块营收同比增长80%，可见此次股权激励计划一定程度上能够帮助企业延续强劲的上升势头，维持上升通道。

第二章

股价低迷停止股权激励

第一节 科力远：
持股计划让员工血本无归

2018 年 5 月 8 日，国内 A 股市场，一个悲剧正在上演：科力远员工参与持股计划三年，不仅没赚到钱，反而遭逢巨亏，被公司大股东狠狠割了一把韭菜。

三年前，科力远股价正值历史高位，公司大股东出让 1% 的公司股票，作为员工持股计划，出售给了员工，成功套现 1.8 亿元；三年后，持股计划已清盘，员工含泪将股票出售给公司大股东及董监高，由于采用了 2:1 杠杆式融资，所有参与持股的员工当初投入的 6000 万元本金全部付诸东流，而控股股东却净赚近 1 亿元。

科力远曾号称混合动力系统的龙头企业，但最近几年发展形势大不如前，长期在亏损边缘徘徊，靠政府补贴勉强维持。原本面对纯电动汽车的挑战，科力远已是左支右绌、应接不暇，现在又因为持股计划坑惨了自家员工而被推上风口浪尖。被舆论口诛笔伐之下的科力远会因此前景黯淡吗？

历史高位推持股

让我们回到三年前的 2015 年，彼时股市正处于牛市顶峰，湖南科力远新能源股份有限公司（以下简称"科力远"）股价也达到了历史高点。6 月 1 日这天，科力远公告宣布第一次员工持股计划已完成，公司控股股东湖南科力远高技术集团（以下简称"科力远集团"）通过大宗交易转让股票 845 万股，科力远员工持股计划管理人中信证券受让了这笔股票，完成建仓，成交金额为 1.797 亿元，成交均价 21.27 元 / 股，占当时总股本比例的 0.99%。持股计划锁定期自 2015 年 6 月 1 日起 12 个月，届满日是 2016 年 10 月 13 日。

参加本次员工持股计划对象包括：董事、监事和高级管理人员共计 11 人，认购总份额在员工持股计划的占比为 23.17%；公司管理骨干及核心技术人员约 80 人，认购总份额在员工持股计划的占比为 51.83%；其他员工认购份额总数占比为 25%。

表 2-1-1 科力远第一期员工持股持有人情况及份额

序号	持有人	认购份额（万份）	占本计划总份额的比例（%）
1	董事、监事、高管(11 人)	1390	23.17
2	公司管理骨干及核心技术人员（80 人）	3110	51.83
3	优秀员工及具备一定司龄的其他员工	1500	25
合计		6000	100

根据科力远第一期员工持股计划草案暴露，科力远投资 1 号份额上限为 18000 万份，按照不超过 2:1 的比例设立优先级 A 份额和次级 B 份额。优先级 A 份额由中信证券向合格投资者募集，由科力远集团和公司实际

控制人钟发平对其本金及预期年化收益进行差额补足，并承担不可撤销连带担保责任，预期收益率不超过 8.0%/ 年，计划存续期不超过 18 个月。

科力远公告显示，该员工持股计划全额募集资金总额上限为 6000 万元，资金来源是公司董监高、管理骨干和核心技术人员的合法薪酬与自筹资金，公司控股股东及其关联方对员工持股计划提供自有资金借款支持。

彼时的科力远曾信誓旦旦地表示，员工持股计划的目的是为了"建立和完善劳动者与所有者的利益共享机制，实现公司、股东和员工利益的一致性，促进各方共同关注公司的长远发展，从而为股东带来更高效、更持久的回报；立足于当期公司业务转型升级的关键时期，进一步完善公司治理结构，健全公司长期、有效的激励约束机制，确保公司长期、稳定发展；深化公司总部和各子公司经营层的激励体系，充分调动员工的积极性和创造性，吸引和保留优秀管理人才和业务骨干，提高公司员工的凝聚力和公司竞争力"。

但是，员工持股计划出师不利，自实施以后，公司股价便一路震荡下跌。员工持股计划实施时，科力远股格还是 21.27 元 / 股，而截至 2018 年 5 月 9 日收盘时，科力远股价仅有 5.75 元 / 股。

就在股价江河日下的同时，科力远员工持股计划也遭遇数次展期。从 2015 年 6 月至今，科力远员工持股计划已连续展期了三次。

科力远第一次宣布员工持股展期是在 2016 年 8 月 16 日，计划存续期展期一年。不久后，科力远第一期员工持股计划的资产管理机构发生了变更。2016 年 10 月 28 日，科力远公告称，第一期员工持股计划原管理人中信证券将变更为西藏信托，相对应地，本次持股计划认购标的也由原中信证券作为管理人设立的中信证券科力远投资 1 号集合资产管理计划，变更为由西藏信托设立的西藏信托—浦顺 12 号集合资金信托计划。

一年之后，科力远员工持股计划再度展期至 2018 年 4 月 12 日，此次展期的理由是：2017 年 10 月为科力远三季度报告窗口期，员工持有的公司股票无法在存续期届满前全部变现。

时至 2018 年 4 月 11 日，科力远公布第三次展期通知，称经公司董事会审议，科力远员工持股计划即将到期，出于对公司发展前景的信心，公司决定对员工持股计划存续期展期一年，届满日将变更到 2019 年 4 月 12 日。

员工三年亏六成

科力远员工持股计划本应该继续展期到 2019 年，没想到，国家突然加紧了相关方面的监管，导致持股计划无法按时展期。

对此情形，科力远也作出了解释：由于受到国家监管政策及市场融资环境等影响，员工信托计划无法继续展期。因此，科力远只能按照原资产管理机构的资产管理合同约定，在 2018 年 5 月 8 日到期前，结束本期持股计划。

2018 年 5 月 8 日，科力远发布公告称，2015 年实施的第一期员工持股计划已经结束，后续将进行财产清算和分配工作。持股计划所对应的资管计划西藏信托持有的 1267.5 万股股票已通过大宗交易全部售出，接手的是公司控股股东和董事、监事、高管人员及其他人员，成交均价 5.6 元 / 股，估算成交额为 7098 万元。

在这场交易中，科力远控股股东科力远集团购入 663.93 万股，耗资 3718 万元，而回顾 2015 年 6 月，科力远集团曾售股套现 1.8 亿元。由于持股计划采用 2:1 杠杆的 AB 份额来募资，亏损的本金并不仅仅是员工买入时的 6000 万元次级 B 份额，而要按照募资额 1.8 亿元计算。

总体算来，科力远员工持股计划亏损约为 60.5%，加上杠杆因素，本次员工持股计划的次级 B 份额早已全部亏光，此外，按照 2015 年员工持股计划约定，其余的亏损额将由科力远控股股东科力远集团及实际控制人钟发平进行补足。

这同时意味着，接盘三年间，整个员工持股计划亏损了近 1.1 亿元，除了控股股东科力远集团之外，参与计划的员工几乎血本无归。

至此，科力远第一期员工持股计划以巨亏谢幕。

激励效果成苦果

员工持股计划遭遇巨大亏损的，远不止科力远一家公司。近年来，各上市公司频频传出员工持股计划"撞山"的消息。

2017 年 6 月 14 日至 2018 年 6 月 14 日，A 股发布员工持股计划公告的上市公司总计 372 家，涉及员工逾 14 万名，涉及金额超过 500 亿元。已经建仓的上市公司超 200 家，其中逾六成的公司员工持股计划被套牢，而位居亏损榜前列的 *ST 宝鼎、长盈精密、海洋王、东百集团等上市公司，浮亏均已超过 50%。

同时，截至目前，2018 年有近 90 个员工持股计划已完成，其中近六成的员工持股计划出现浮亏，以 ST 中安、奥瑞德、*ST 凡谷等为公司代表的"大输家"，亏损甚至高达 92.26%、83.65% 和 81.60%。

表 2-1-2 2018 年已到期的员工持股计划亏损排行

证券代码	证券名称	购买均价（前复权）（元/股）	实际持股数量（万股）	实际持股比例（%）	最新股价（元/股）	盈亏情况（%）
600654.SH	ST 中安	36.93	319.40	0.25	2.86	−92.26
600666.SH	奥瑞德	25.26	99.90	0.13	4.13	−83.65
002194.SZ	*ST 凡谷	26.68	263.00	0.65	4.91	−81.60
000893.SZ	*ST 东凌	15.31	422.46	0.56	3.94	−74.26
600730.SH	中国高科	18.11	164.00	0.28	5.44	−69.96
002481.SZ	双塔食品	14.83	1499.99	2.97	4.59	−69.05
002684.SZ	猛狮科技	21.93	724.22	2.20	7.37	−66.40
002657.SZ	中科金财	51.62	190.87	0.57	17.43	−66.24
600478.SH	科力远	14.18	845.00	0.99	5.36	−62.19
002122.SZ	*ST 天马	6.44	1751.04	1.47	2.48	−61.48
300235.SZ	方直科技	31.88	104.66	0.66	12.28	−61.48
300356.SZ	光一科技	16.87	130.00	0.81	6.65	−60.58
300169.SZ	天晟新材	12.70	418.56	1.28	5.19	−59.13
002296.SZ	辉煌科技	14.66	1698.54	4.51	7.10	−51.56
300213.SZ	佳讯飞鸿	13.25	420.03	1.61	6.52	−50.81
002375.SZ	亚厦股份	11.83	833.95	0.62	5.93	−49.89
002231.SZ	奥维通信	12.36	43.65	0.12	6.21	−49.77
300246.SZ	宝莱特	35.61	164.08	1.12	18.60	−47.76
002479.SZ	富春环保	11.35	455.00	0.57	6.24	−45.02
300131.SZ	英唐智控	9.87	2080.86	1.95	5.67	−42.57

从表 2-1-2 可以看出，在几番折腾之后，科力远现在已经成功跻身"2018 已到期员工持股计划亏损榜"前十名的行列。毋庸置疑，员工持股计划巨亏，科力远自身难辞其咎，但客观地分析之下，必须承认，市场

竞争导致的经营业绩惨淡，正是导致科力远股价猛跌、持股计划清盘的根本原因。

根据科力远 4 月 25 日发布的 2018 年一季报，公司净利润亏损为 992.5 万元，如果继续往前追溯，就会发现，科力远扣除非经常性损益的净利润已经连续七年出现负增长；更耐人寻味的是，2010 年至 2015 年，科力远净利润分别为 1645 万元、-5794 万元、1019 万元、-4594 万元、746 万元，盈利与亏损保持着每年循环的微妙规律，有惊无险地逃过了被 ST 的大劫。

表 2-1-3 科力远 2015—2018 年营收情况

财务指标	2018-03-31	2017-12-31	2016-12-31	2015-12-31
审计意见	未经审计	标准无保留意见	标准无保留意见	标准无保留意见
净利润（万元）	-992.52	2201.56	-21160.81	746.38
净利润增长率（%）	69.8（L）	110.4（P）	-2935.1136	116.2（P）
营业总收入（万元）	33043.20	156505.89	170015.59	112478.95
营业总收入增长率(%)	-17.9816	-7.9462	51.1532	31.5995

当被追问近年公司扣非净利润为负的原因时，科力远方面表示，是因为动力电池及极片、混合动力系统与纯电动系统，还处于规模化生产的起步阶段，毛利率较低。而 CHS 项目的前期开发成本费用较高，由于项目需要度过一个发展期，前期议价空间相对较小。

事实上，科力远之所以业绩连年亏损，很大原因就是由于公司战略长期聚焦于混合动力汽车领域。新能源汽车可分为电动汽车和混合动力汽车两种。从目前的宏观环境和技术趋势来看，相比以特斯拉为代表的电动汽车，以丰田、本田等日系车为代表的混合动力汽车，发展形势明显要困难很多。

自 2013 年起，国家大幅降低了对混合动力汽车的支持力度，取消了对其原有的政策补贴。同时，随着科技的更新换代，混动汽车作为节能车的一种，其技术优势逐渐开始丧失。尽管相比纯电动汽车来说，燃油混合动力技术在国际上较为成熟，但基本掌握在日系车企手中，国内车企要想实现弯道超车，攻关难度极大。

市场环境如此险恶，但科力远董事长钟发平却坚持长期布局混动汽车领域。早在 2014 年，钟发平就与吉利合资成立科力远混合动力技术有限公司（CHS），专门研发自己的混动系统。但事实证明，科力远选择的技术路线或许并不正确。

近年来，科力远先后和国内一些整车制造厂进行过合作，但由于混合动力汽车目前市场效益持续走低，这些合作也都不了了之。就连和科力远联手创立了 CHS 的吉利公司，也转身投向了沃尔沃的混合动力汽车技术。

科力远员工持股计划虽然已经终止，但其在市场所引发的纷争却远未结束。科力远大股东及其高管是否有利用员工持股计划高抛低吸、减持套现的主观企图，我们难以评断，但很显然，科力远希望"员工通过员工持股计划分享公司成长收益"的激励初衷并未实现。

员工持股计划作为一种行之有效的激励模式，其初衷本是将员工利益与公司利益牢牢捆绑在一起，在增加员工收益的同时，助力企业实现发展目标。然而，科力远在股市高位时推出员工持股计划，却在业绩低迷时让员工"背锅"。无论事实背后有何内情，科力远的员工都没有感受到持股计划的激励效果，只剩下满腹的怨言与懊悔。

通过科力远的案例可知，企业在执行员工持股时，需将风险和不可控的因素向员工讲清楚。必须让员工明白，持股计划或各种股权激励措施并非现金奖励，而是一种对未来风险的"共担"：在公司业绩表现好、具有可持续盈利能力的时候，员工持有的股票才有价值，并在变现时有所增值；而一旦企业持续亏损、盈利无望，各种股权激励也就成为一纸空文，甚至赔光本金也不奇怪。从这个角度看，科力远无疑做出了一次最错误的示范。

专家点评

上市公司股权激励既要谋时又要谋势

※ 前海股权事务所、中力知识科技认为，科力远员工持股计划失败，有以下几个原因：

1.激励时机的选择不合适。

科力远推出员工持股的时间点在股价相对高点的时候，这种持股计划对员工而言并不安全，一旦出现股价倒挂，购买价高于现行股价，会大大打击员工的认购热情。如果公司强行推进，不仅难以达到激励目的，甚至还易造成员工因被套而怨声载道。

2.战略规划的方向不正确。

科力远公司战略布局出现了偏差，业务势头也没有发展起来。在业绩不稳定的情况下，自然难以支撑公司股价持续走高。

3.员工持股计划的实施形式存在问题。

科力远的持股计划是通过高杠杆的形式购买股票，但高杠杆是一把双刃剑，无论对收益还是损失都有放大效应。当股价上涨时，员工可以按照杠杆倍数扩大自身收益，但如果股价走低，一不小心就可能爆仓，员工也将因为杠杆倍数承受更大的损失。

※ 针对上述问题，前海股权事务所、中力知识科技建议：

股权激励你不能做

1. 实施股权激励应注意契合资本市场周期，尽量选择在股价偏低的时候推出股权激励计划。

2. 实施股权激励应该结合公司发展战略，选择合适的激励时机。比如，可在公司业务爆发的前期推行股权激励计划，这样就能充分激发团队的积极性，同时拉动公司业绩快速增长，最终促进公司战略的实现。

3. 实施股权激励还应该谨慎选择符合自身实际情况的激励方式，同时，参照资本市场的周期性、公司所处发展阶段、员工风险承受度、员工购买力等因素综合考虑，在此基础上制定出相对合适的股权激励方式。

※ **知识点提炼：**

员工持股计划是员工所有权的一种实现形式，同时也是企业所有者与员工分享企业所有权和未来收益权的一种制度安排。一般来说，员工持股计划会通过资管计划等形式进行集中管理，从二级市场上购买公司股份。员工持股计划通常可分为杠杆型和非杠杆型两种。相对于股权激励，员工持股计划的激励人数范围可以更加广泛，购买股份的价格没有优惠，不与业绩及考核挂钩。

※ **典型案例**

2017年7月11日浙江水晶光电科技股份有限公司（下称"水晶光电"）发出公告，第一期员工持股计划股票出售完毕，交易方式为集中竞价，出售股票数量138.5万股，成交均价为22.37元/股，估算套现3098.13万元。2015年11月水晶光电股东大会通过了该员工持股计划，根据草案资料显示：当时参与的员工自筹资金不超过1200万元，若期末总金额按3098.13万元粗略估算，存续期不超过两年的员工持股计划员工收益率高达1.58倍以上。

第二节 众信旅游：

股价剧跌致股权激励失败

当不少上市公司意气风发地投入股权激励时，心中想的念的似乎都是那些流传于业界的一个个"造富神话"，满以为自己就是下一个"富翁制造机"。然而，理想总是很丰满，现实却又很骨感。阿里巴巴的创富故事并非随便哪个企业都能复制，阿里最牛前台童文红的幸运同样难以模仿。众信旅游最初踏上股权激励之路时也曾信心十足、豪情万丈，但残酷的现实却给了它一个狠狠的耳光。

众信旅游于 2016 年推出股权激励，但是仅仅一年之后，公司股价却已经遭遇"腰斩"，同时也让原本的激励计划进退维谷。为防止员工损失进一步扩大，众信旅游不得不终止股权激励计划。

激励计划夭折，员工致富梦难圆

2016 年 3 月，众信旅游发布限制性股票激励计划，涉及标的股票 500 万股，约占众信旅游总股本的 1.1976%。此次股权激励计划中，众信旅游采用的是时下较为主流的首次授予和预留授予混合模式，首次授予 450 万股，占公司股本总额的 1.0779%；预留 50 万股，占公司股本总额 0.1198%。

该限制性股票激励计划的业绩考核有净利润增长率和营业收入增长率两个指标。方案规定，以 2015 年为基准年，2016 年、2017 年、2018

年公司营业收入增长率应不低于 20%、40% 和 60%；2016 年、2017 年、2018 年公司净利润增长率应不低于 15%、30% 和 45%。

众信旅游《2016 年限制性股票激励计划（草案）》（2016 年 3 月）

本激励计划所采用的激励形式为限制性股票，其股票来源为众信旅游向激励对象定向发行新股。

本激励计划所涉及的标的股票为 500 万股众信旅游人民币 A 股普通股，约占本激励计划签署时众信旅游股本总额 417484590 股的 1.1976%。其中首次授予 450 万股，占本计划签署时公司股本总额的 1.0779%；预留 50 万股，占本计划拟授予限制性股票数量的 10%，占本计划签署时公司股本总额 0.1198%。

公司首次授予激励对象限制性股票的价格为 23.34 元 / 股。授予价格系根据本计划草案公告日前 20 个交易日公司股票均价 46.67 元 / 股（前 20 个交易日股票交易总额 / 前 20 个交易日股票交易总量）的 50% 确定，即授予价格 = 定价基准日前 20 个交易日公司股票均价 × 50%。

本计划授予的限制性股票的公司业绩考核指标为：

（1）以 2015 年为基准年，2016 年度、2017 年度、2018 年度公司的营业收入增长率分别不低于 20%、40% 和 60%；

（2）以 2015 年为基准年，2016 年度、2017 年度、2018 年度公司的净利润增长率分别不低于 15%、30% 和 45%。

2016 年 4 月，众信旅游对之前的限制性股票激励计划方案进行了修改，激励对象由原来的 390 人调整为 394 人。与此同时，股票数量由 500 万股调整为 1000 万股，首次授予限制性股票由 450 万股调整为 900 万股，预留限制性股票则由 50 万股调整为 100 万股，首次授予激励对象的限制性股票价格也由 23.34 元／股降至 11.65 元／股。根据新版激励方案设置的解锁条件，900 万股分三年解锁，达到 2016 年、2017 年、2018 年的相关业绩指标后可分别解锁 30%、30%、40%。

众信旅游：关于实施 2015 年度利润分配方案后调整 2016 年限制性股票激励计划所涉股票授予数量和授予价格的公告（2016 年 5 月）

调整前，公司 2016 年限制性股票激励计划所涉及的标的股票数量为 500 万股，其中首次授予 450 万股，预留 50 万股。2015 年度利润分配及资本公积转增股本实施完毕后，公司 2016 年限制性股票激励计划所涉及的标的股票数量为 1000 万股，其中首次授予 900 万股，预留 100 万股。

调整前，公司 2016 年限制性股票激励计划所涉及的标的股票首次授予价格为每股 23.34 元。2015 年度利润分配及资本公积转增股本实施完毕后，公司 2016 年限制性股票激励计划所涉及的标的股票首次授予价格为每股 11.65 元。

本次股权激励计划得到了众信旅游中层员工的认可与支持，实施过程也颇为顺利。激励对象中除了 1 人退出、1 人因资金不足部分认购之外，其余 392 名员工都全额认购了被授予的股权。激励计划自实施以来，激励效果十分显著，据众信旅游发布的 2016 年财报显示，公司全年营收 100.9 亿元，由此成为继中国国旅、中青旅、华侨城 A、携程之后的第五家年营收破百亿的旅游类上市公司。

2016 年，众信旅游公司营收和净利润分别增长了 20.58% 和 15.08%，刚好超过股权激励计划中要求的营收、净利润分别增长 20%、15% 的解锁条件。通常来说，如果股权激励中出现"卡线"完成的情况，一般有两种可能，一种是公司上下受激励计划感召，奋力实现了业绩考核目标；另一种可能是基于对下一年增长基数的考量，公司高管刻意将年度业绩控制在一定范围，以减轻下一年的业绩压力。

如果一切都能按照预设的剧本走，自然皆大欢喜。然而，就在激励方案实施一年多之后，众信旅游发布公告称，公司经审议决定终止实施 2016 年限制性股票激励计划，并回购注销已获授但未解锁的全部限制性股票。据 2017 年 7 月公告显示，众信旅游将耗资 6800 万元回购 587 万股股份，占回购前总股本的 0.7%，回购价格为 11.63 元 / 股。

关于终止此次计划的原因，众信旅游宣称，由于公司股票价格在二级市场出现了较大幅度的变化，原激励计划已经很难达到预期的激励效果。众信旅游同时强调，公司终止激励计划一定程度上是出于对员工的保护，防止其利益受损。

面对社会的关注，众信旅游公关部作出回应：2015 年股灾发生以后，金融监管开始去杠杆，市场资金全面收紧，整体国民经济处于一种新常态，A 股大盘指数尤其是中小板和创业板指数随之大幅下挫，各类股票估值较之前牛市时都出现大幅下调，众信旅游的市值也相应下滑。

在众信旅游股价因受股市整体情况影响大幅下跌之后，被激励的员工纷纷怨声载道。员工当初认购股票时的价格是 11.65 元 / 股，如果按照原本预期，第二年股票解锁后，员工将能获得双倍的收益。始料不及的是，公司股价却一跌再跌，从最初的 23 元 / 股直接滑落至 11 元 / 股，几乎与授予员工时的价格持平。而如果公司股价的下跌之势不止，员工未来还将承受更大的损失。

业内人士指出,当行业趋势不振时,公司业绩随之下滑,然后联动反映在公司股价上。而一旦股价过低,参与股权激励计划就意味着亏损,员工自然不愿意参与这种激励计划。

股价下跌除了对被激励员工的利益造成影响之外,众信旅游的大股东们也因此面临着严峻的资金压力。在股价下行期间,众信旅游的股东希望通过股票增持的方式挽回公司颓势。自 2016 年 5 月开始,众信旅游的股东连续进行了五次增持行为。

行业市场下行,股价遭"腰斩"

一次开局良好的股权激励计划就这样被迫终止了,放在市场监管加强、股市整体低迷的大背景下看,似乎股价持续下跌就是众信旅游股权激励失败的主因,但事实并非如此简单。

众信旅游作为一家旅游类上市公司,主要业务范围包括出境游批发、出境游零售和商务会奖。经过多年经营,公司在出境游资源整合、产品研发和客户积累方面都拥有了一定优势。2014 年 1 月上市以后,众信旅游加快了发展步伐,被业界誉为"民营旅行社第一股",受到了资本市场的热情追捧。众信旅游上市前的 7 个交易日,公司股价累计大涨 157%。

手握雄厚的资本,众信旅游开始了大举扩张,除了并购竹园国旅外,还全面布局线下门店,公司业绩借此再度飙升。2014 年,众信旅游实现营收 42 亿元,同比增长高达 40%,公司股价也出现爆发性的上升,一个月之内累计达到超 70% 的增长,最高峰时股价甚至冲到了 37 元。

但近两年来,国内旅游及消费市场较为低迷,主要出境游目的地国家和地区的安全形势有恶化迹象,种种负面事件不断发生,极大影响了投资者对旅游类股票的信心。这也是导致众信旅游股价走低的因素之一。

2017 年，正值众信旅游上市 3 周年。而 3 周年对于 A 股上市公司来说是一个难关，因为公司上市三年之后，原始股东手里的股票开始解禁，公司背后的投资机构以及高管也开始套现离场。按照激励方案，众信旅游董事长冯滨持有的 2.6 亿股股票将于 2017 年 7 月 24 日解禁，市值 30 多亿元，随后，公司高管所持的 400 万股股票也将在 2017 年 11 月解禁；最后一波是投资机构持有的 5000 万股股票将在 2018 年 4 月解禁。

A 股市场上长期流传着一个"解禁魔咒"的说法，每次解禁期来临前后，A 股市场常常出现跌势，大小股民们也会格外小心，逐渐演变为悬在 A 股头顶的达摩克利斯之剑。面对众信旅游汹涌而来的解禁潮，股民产生了习惯性恐慌，不禁怀疑众信旅游的股东是否正计划着变现退出，对于众信旅游的股价前景也抱持着悲观的看法。众信旅游的股价接连下滑与股民这种普遍性的观望心理不无关系，成为众信旅游 2016 年股权激励计划失败的间接推手。

信心满满推出的股权激励计划虽然无奈夭折，但众信旅游并未放弃股权激励的尝试。2017 年 10 月 12 日，众信旅游公布了 2017 年限制性股票激励计划。在更为复杂的行业竞争格局下，众信旅游再次重磅推出股权激励，结局如何，大家正拭目以待。

专家点评

经营业绩是根本

※ 前海股权事务所、中力知识科技认为，众信旅游在实施股权激励的过程中存在以下问题：

众信旅游采用的是限制性股票激励模式，虽然设定的激励价格相对较低，但股权激励的时间点选择却不是很合理。受资本市场股市低迷及行业市场下行的影响，众信旅游的股价持续走低，进而直接影响到股权激励的实施效果。

但客观而言，众信旅游的股权激励计划还是发挥了一定作用，数据显示，众信旅游2016年和2017年两年公司营收和净利润都实现了同比增长。

※ 针对上述问题，前海股权事务所、中力知识科技建议：

企业在遭遇行业整体市场下滑的时候，股价受到影响的时候，股权激励计划必定会受到一定程度的影响。此时，企业必须要做好经营层面的工作，只有取得了经营业绩，才能整体上提升员工和投资人的信心，维持企业的发展。

※ 知识点提炼：

影响上市公司股价的因素是多方面的，股价既会受到企业自身业绩的影响，同时也会受到外部市场的影响，但归根结底，影响股价的主要因素还是企业自身发展及市场业绩。众信旅游于2017年底再次推出新的限制性股票激励计划，也表明其管理团队对公司的未来发展充满信心。

地利篇

企业实施股权激励时需考虑一定的
自身条件，比如公司特征、公司治理结
构和高管特征等多方面内容。

第三章

公司内部环境巨变影响股权激励

第一节 朗姿股份：

员工出走，服装第一股股权激励失败

从 2011 年年底开始，国内服装生产企业面临严峻的考验。一方面，产品原材料价格和劳动力成本以及店面租金持续上涨；另一方面，传统的线下销售模式遭到快速发展的电子商务的巨大冲击。此种形势下，服装行业整体不景气，企业纷纷开始寻找突围之道。

朗姿股份有限公司是一家以女装的设计、生产和销售为主营业务的服装企业，曾成功打造朗姿、莱茵、卓可三大知名女装品牌，在中国高端女装领域具有一定的话语权。2011 年，朗姿股份登陆中小板，成为国内第一家上市的高端女装企业。上市仅一年间，朗姿股份就尝到了资本市场的甜头，并趁势高调推出了第一次股权激励计划。

但是，开局时有多么踌躇满志，退场时就有多么无可奈何，这个价值近亿的股权激励计划在不到 8 个月时间里就走完了从生到死的过程，不仅没有完成使命，甚至与其初衷渐行渐远。朗姿股份股权激励的失败背后，究竟隐藏着什么样的因由呢？

上市即推股权激励，高层震荡被喊停

经过十几年的发展，朗姿股份逐渐成长为国内高端女装领域的领导品牌。上市的前三年，朗姿股份销售收入的复合增长率高达58%。据报告显示：2008年和2009年，朗姿品牌在高端女装品牌中均名列第4；2010年，朗姿股份在全国高端女装品牌中的地位升到第3，仅次于冠亚军品牌宝姿和玛丝菲尔，占据了全国3.11%的市场。

2011年，服装行业整体呈现下行趋势，同质化竞争现象严重，同时还存在产能过剩以及利润率低等问题，此后，国内服装企业开始进入产业资源整合和资本运作阶段，国际合作范围逐步扩大。

就在这一年，朗姿股份成功登陆中小板，号称业内"国内服装细分领域第一股"。上市当年，朗姿股份便实现营业总收入约8.3亿元，净利润达到2.09亿元，同比涨幅96.2%。

2012年3月26日，朗姿股份召开董监事会会议，审议通过了《朗姿股份有限公司股票期权激励计划（草案）》及相关方案。3月28日，朗姿股份股权激励草案正式对外发布。根据该草案内容，朗姿股份将授予激励对象259万股期权，预留26万股期权，行权价格36元，该股权激励将会产生管理费用3855万元。

朗姿股份在草案中宣称，未来三年将是公司多品牌运营战略和渠道扩张任务的关键阶段，股权激励计划对于维护公司团队的稳定和战斗力尤为重要，有助于维护管理团队和核心骨干的稳定性，激发其工作热情和战斗力，促进公司战略目标的实现。

此次激励对象涉及面较广，包括高管 4 人、核心骨干及中层管理人员 56 人。其中，总经理助理李春仙 19 万股、副总经理张涵 11 万股、副总经理及财务总监郭旭 11 万股、副总经理及董事会秘书黄国雄 11 万股；其他核心经营骨干、中层管理人员 56 人共 207 万股，人均 3.7 万股。首个行权期为授权日开始后 24 个月至 36 个月，第二个行权期为授权日开始后的 36 个月至 48 个月，第三个行权期为授权日开始后 48 个月至 60 个月，可行权数量占比分别为 30%、30% 和 40%。

5 月 10 日，朗姿股份的股票期权激励方案获第一次临时股东大会审议通过。5 月 14 日，由于原激励对象孙健离职，已不再满足成为股权激励对象的条件，朗姿股份董事会随即对原股权激励计划作了相应调整。

朗姿股份公告显示，本次股权激励最终授予对象包括 4 名高管，以及 55 名中层管理人员和核心技术人员，共授予股票 206 万股，总价值 7292.4 万元。

然而，令人始料未及的是，从股权激励计划授予日开始，朗姿股份中高管理层发生了较大变动，激励对象陆续离开了公司，包括杨庆和张荣明等三位独立董事辞职，副总经理兼财务总监郭旭辞职，副总经理兼董事会秘书黄国雄辞职。

高管团队已有分崩离析的迹象，朗姿股份股权激励计划推行的难度和阻力可想而知。12 月 13 日，朗姿股份无奈宣称，公司决定终止实施股票期权激励计划。对于计划终止的原因，朗姿股份解释说，是由于公司自推出股权激励计划以来，股权激励对象中的部分高级管理人员发生变化，同时，为加快主营业务的拓展，公司重新引进了多名高级管理人员、核心技术人员、核心管理人员以及核心销售人员，而原股权激励计划无法覆盖公司现任高管以及新进入公司的骨干核心员工，因此公司董事会经研究一致决定终止实施股票期权激励计划。

行业形势恶化，业绩增长乏力

2013 年 1 月 11 日，股权激励计划被喊停后一个月，朗姿股份公布了 2012 年度业绩预告公告，公司净利润增速被下调至 0—20% 的范围。此份公告还显示，朗姿股份业绩出现明显下滑，原因在于朗姿股份决定终止股权激励计划，使得期权成本加速摊销计入管理费用，拖累了公司业绩表现。

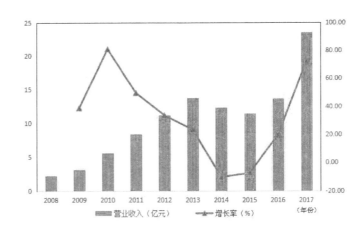

图 3-1-1 朗姿股份 2008—2017 年营业总收入及增长率

总结朗姿股份股权激励计划的始末，我们发现其失败主要可归结为以下几方面原因。

第一，因为行业环境恶化，给朗姿股份股权激励的推动带来巨大压力。

2010 年至 2011 年期间，共有 10 家纺织服装上市公司推出股票激励方案，其中 70% 采取了期权激励模式，30% 采取了限制性股票激励模式。而在 2010 年以前，服装行业上市公司中仅有两家推出并实施了股权激励方案。

2011 年，纺织服装行业形势恶化，二级市场股价下滑。截至 2011 年 11 月底，在 2010 年至 2011 年推出股权激励计划的 10 家公司里，已经有 3 家发布公告终止实施股权激励，包括伟星股份、凯撒股份和星期六。据专家分析，这些公司终止股权激励计划的主要原因在于，一是行业形势变化导致公司无法达成股权激励目标，同时，由于二级市场股价普遍低于行权价格，股价倒挂之下致使股权激励失去实施价值。

正是在此背景下，朗姿股份推出了激励计划，这种时机的选择就注定了其股权激励被笼罩在整体行业环境恶化的阴影之下，并被迫承受由此带来的压力。

第二，公司股价已经跌破行权价，股权激励失去实施必要。

朗姿股份的股权激励之所以不受高管团队的欢迎，主要是因为公司股价不断走低。自 2012 年 6 月以来，朗姿股份股价一路下滑，到 7 月份的时候，早已跌破了行权价。截至 2012 年 12 月 13 日，公司股价已经跌至 22.55 元，相比行权价 35.40 元减少了 36.30%。当股价远远低于行权价的时候，实施股权激励已经完全没有意义。

第三，公司业绩增长乏力，行权目标难以实现。

朗姿股份的股价跌个不停，直接原因就是公司经营业绩后继增长乏力。从 2009 年开始到 2013 年的五年间，虽然朗姿股份每年的营业总收入不断地上涨，但是同比增长率却从 2010 年开始出现大幅下滑。2011 年时虽然朗姿股份净利润增长勉强维持在 50% 以上的水平，但从 2012 年 6 月开始，公司的净利润增长已经跌到了 50% 以下。

朗姿股份《股票期权激励计划（草案）》（2012 年 3 月）

行权条件：本计划在 2013—2015 年的 3 个会计年度中，分年度进行绩效考核并行权，每个会计年度考核一次，以达到绩效考核目标作为激励对象的行权条件。

各年度绩效考核目标如下表所示：

表 3-1-1 朗姿股份股权激励业绩考核指标

行权期	绩效考核目标
第一个行权期	2013 年加权平均净资产收益率不低于 14%，以 2011 年净利润为基数，2013 年净利润增长率不低于 80%
第二个行权期	2014 年加权平均净资产收益率不低于 16%，以 2011 年净利润为基数，2014 年净利润增长率不低于 145%
第三个行权期	2015 年加权平均净资产收益率不低于 17%，以 2011 年净利润为基数，2015 年净利润增长率不低于 210%

根据 2012 年股权激励计划草案，朗姿股份承诺的第一个行权期业绩考核目标为"2013 年加权平均净资产收益率不低于 14%"，如果以 2011 年净利润为基数，那么，朗姿股份在 2013 年的净利润增长率不得低于 80%。但事实上，朗姿股份根本没有达到这个目标，2013 年，朗姿股份的净利润增长率仅为 10% 左右。

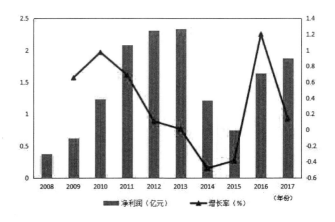

图 3-1-2 朗姿股份 2008—2017 年公司净利润及增长率

朗姿股份的净利润增长率之所以没能达到行权期业绩考核目标，主要是由于高端女装受互联网冲击出现整体下滑的行业大环境影响。2011 年以来，中国高端女装行业的平均增长率从 2011 年的 42.43% 一直下降到 2012 年的 1.00%，2014 年更是出现负增长，跌到了 −32.59%。此外，从企业自身发展因素看，自 2011 年起，朗姿股份的存货问题开始凸显，在日益进步的电子商务平台的挑战下，朗姿股份更是受到了极大冲击，这也是导致朗姿股份没有达到行权业绩的因素之一。

最后，高管对企业前途失去信心而纷纷离职，股权激励计划直接搁浅。由于公司种种发展不利情势明显，朗姿股份高管层纷纷选择离职。据朗姿股份的股权激励计划草案显示，该计划的最终激励对象包括董事李春仙、副总经理张涵、副总经理兼财务总监郭旭、董事会秘书黄国雄等 4 名公司高管，还有 55 名中层管理、核心技术人员。然而，自 2012 年 5 月 18 日股权激励计划授予日始，朗姿股份的中高层就出现巨大变化，如副总经理兼财务总监郭旭辞职，董事会秘书黄国雄其后也离开了公司。此后，朗姿股份以股权激励方案已经无法覆盖现任高管为理由，终止了本次股权激励计划。由此可见，高管层的动荡也是导致朗姿股份终止股权激励的重要原因。

专家点评

商业模式、战略规划是股权激励的原点

※ 前海股权事务所、中力知识科技认为，朗姿股份股权激励计划之所以失败，原因如下：

　　从表面上看，是因为行业不景气、资本市场股价下跌、员工离职等外部因素和不可控因素而导致，但从根源本质上分析，是企业在面对外部环境变化时缺乏有效应对措施造成的。面对行业整体下滑的大背景，朗姿股份缺乏助力公司实现可持续增长的商业模式升级和业务发展策略等，这才导致外部资本市场对公司失去信心，内部员工也看不到希望、没了信心，公司股权价值快速贬值，股权激励自然也就失去了存在的基础。

※ 针对上述问题，前海股权事务所、中力知识科技建议：

　　类似朗姿股份这种情况，首先要解决的是企业业绩增长的策略问题。在行业整体低迷的情况下，企业应努力思考如何通过商业模式的优化调整创新、制订具体的战略发展规划等措施，让内部员工重新建立对企业未来的信心，同时也让资本市场对企业恢复信心。在此基础上，朗姿股份再实施股权激励，方能达到理想的效果。

※ 知识点提炼：

　　企业的商业模式和战略规划决定了股权激励的价值性，是股权激励的原点。商业模式守旧不创新，企业未来发展思路不清晰，股权价值就难以彰显，股权激励的效果也难以显现。因此，唯有基于顶层设计的股权激励才是成功之道。

第二节 上海家化：

"从国企到民企"的股权激励之路

上海家化作为老牌国企,在股权激励的实践领域走在我国企业的前列。早在2001年,上海家化就开启了对股权激励的探索,虽然遭遇过多次失败,期间还经历了由国有企业向民营企业的身份转变,但上海家化以生动的事实充分展示出不同产权性质下股权激励所产生的截然不同的激励效果。正因如此,上海家化的股权激励之路虽然不尽完美,甚至缺憾颇多,但对于我国企业的股权激励研究来说,却具有特殊的参考价值。

日化老字号遭遇人才新瓶颈

上海家化联合股份有限公司（以下简称"上海家化"）是我国化妆品行业的领军企业,同时也是日化行业的国家标准制定者之一。

针对不同的消费群体,上海家化陆续推出了"六神"、"佰草集"、"美加净"、"清妃"、"高夫"等日化品牌,通过进一步市场细分,牢牢占领了国内市场的重要份额,在中国消费者心里留下了深刻的烙印。经过多年的不懈努力,上海家化无论是在企业规模还是产品竞争力上,都远远超过了国内同行业对手,更是拥有了与外国公司一比高下的实力与魅力。

2001年,上海家化成功登陆上交所,成了我国日化行业第一家上市的公司。2010年,上海家化的发展进入新的历史时期,迈出了体制改革的第一步。2011 年 12 月，平安集团以 51 亿元竞标价，从上海市国资委手中接过了上海家化 100% 的股权，上海家化也从此由一家几十年资历的老国企变成了一家崭新的民营企业。

上海家化作为老牌国企，因其产品质量优秀、企业信誉可靠而广受社会认可和好评，但随着时代的进步，人才问题越来越成为上海家化实现转型升级的掣肘。在很长一段时期里，上海家化也少不了带有机构冗杂、效率低下以及激励制度欠缺等国企常见的"老毛病"。在这种经营机制之下，上海家化的人员流失问题非常严重，从中高层管理者，到核心技术人员乃至市场营销人员，离职跳槽的现象持续扩散蔓延。曾经有一年，上海家化一次性被某家外企对手挖走了近十名高管。对于一家以产品更新速度与营销策略为生存根本的日化用品公司来说，这绝对是难以承受的损失。

人才问题就如一颗隐形炸弹，制约和威胁着上海家化的正常经营与长期可持续发展，而造成人才流失的根源，正是上海家化没有彻底摆脱国企落后的薪酬制度。以应届毕业生为例，没有进行股权激励之前，上海家化最多只能给出 4000 元的薪资，而国际日化巨头宝洁却能付出超过 9000 元的薪水。如此悬殊的薪酬差异，自然会导致很多优秀人才辞职跳槽、另谋高就。

人才流失的严重后果是多方面的，最为直接的后果就反映在公司业绩上。而在业绩不断下滑的同时，上海家化的销售规模也停滞不前，足足六年时间里始终没有迈过 10 亿元的门槛，到了 2005 年，上海家化的净利润甚至出现了负增长。

这种不良的发展势头，让上海家化逐渐失去了在本行业中的竞争优势和领先地位，为了留住公司优秀人才、激发他们的工作积极性、提振公司业绩，最终促进企业长期健康稳健发展，上海家化开始了股权激励之路的艰难跋涉。

曲折多舛的股权激励

事实上，上海家化在人才奖励和激励方面的试水比国内很多企业都要早。2001 年和 2004 年两年，上海家化分别开展了两次激励行动，当时采取的方式是提取一部分公司税后利润作为奖励金，用于给被激励的部分高管人员购买公司股权。但是，由于被激励的对象范围比较小，这两次早期试探性的员工激励实践，最终并未起到很好的激励效果。

2006 年 7 月，上海家化首次提出股权激励方案，计划对公司的主要管理人员、技术人员共计 103 人授予 1600 万股。然而当月底，国资委出台了《国有控股上市公司实施股权激励试行办法》，对照该办法的内容，上海家化的第一次激励方案中，针对激励对象获得的股权比例以及预期收益水平等设计都不符合相关规定。因此，虽然第一次股权激励方案已被证监会批准通过，但仍被国家严令禁止。

两个月后，上海家化在对第一次股权激励方案进行修改的基础上，迅速推出了第二份股权激励方案，修改后的方案计划以公司上年度经审计的税前利润总额比前一年度经审计的税前利润总额的增量为基数，提取其中的 25% 形成激励基金，为公司高管和核心技术骨干购买公司流通股，以此对其进行奖励。然而，这套激励方案还是因种种原因遭到了证监会的否决。

转眼到了 2008 年，国资委与财政部共同制定的《关于规范国有控股上市公司实施股权激励制度有关问题的通知》在千呼万唤中出台，该通知对国有企业开展股权激励实践作出了明确的指示，两次尝试实施股权激励未果的上海家化随即公布了新一轮的股权激励方案。

在新的股权激励方案中，上海家化提出，向包括高级管理人员、技术研发人员、市场营销人员在内的175人售出560万股公司股票，本次激励对象人数达到公司总人数的18%。这套激励方案最终获得了国资委和证监会的批准。

上海家化《限制性股票激励计划实施公告》
（2008年4月24日）

一、限制性股票的种类、来源和数量：

本计划所涉及股票的来源为公司向激励对象定向发行的普通股；本限制性股票激励计划拟授予的股票数量不超过560万股，其中预留30万股。

二、激励对象的确定依据和范围：

本限制性股票激励计划的激励对象范围包括：公司董事长、副董事长；公司高级管理人员，包括总经理、副总经理、财务总监、董事会秘书以及根据章程规定应为高级管理人员的其他人员；公司及公司子公司中层管理人员；经公司董事会薪酬与考核委员会认定的营销骨干、技术骨干和管理骨干。

2011年11月，上海家化从国有企业改制为民营企业。由于解除了国企身份的诸多限制，上海家化相对拥有了更大的自主权，更能全力投入股权激励的运作，激励范围和激励力度比起国有企业时期高出许多。

2012年4月，上海家化迅速推出了成为民营企业后的首套股权激励方案，将2840万股股权授予398名激励对象，激励范围覆盖了员工人数的近四成，然而，此方案未能获批实施。2012年6月，根据4月方案稍作修改后的激励方案终于获准实施，授股数量由 2840 万股降至 2540.5 万股，占公司股本总额的 6%，授予价格不变，仍是 16.41 元 / 股，激励人数则调整为 395 人。

国企背景下的高管激励尴尬

通过各项指标数据的研究可知，2008 年还是国有控股上市公司的上海家化所实施的股权激励，没有真正发挥出预期的效果，未完全实现激励目的。而 2008 年的股权激励之所以失败，主要有以下几方面原因。

第一，上海家化的公司治理结构不完善，严重制约人才管理水平。

当时的上海家化作为一家国有控股上市公司，还存在着一定的国有上市公司的痼疾，比如一股独大、产权缺位、股东大会职能弱化以及董监事会虚设等。这种内部治理机制的缺陷，一定程度上限制了上海家化等国有上市公司在人力资源管理水平的提升，进而影响到股权激励的实施效果。

第二，国内尚未建立有效的经理人市场，国企高管激励存在制度阻碍。

在中国，物质资本和人力资本都一定程度上受到政府干预，因此难以通过市场准确反映人力资本的真实价值。上海家化当时还是老牌国企，几乎所有的高管人员都是由政府直接任命的。正因为政府主管部门对于高层的任免有着较大话语权，很容易引发权力寻租行为，致使职业经理人市场应有的资源配置作用丧失。

第三，上海家化的股权激励对高管的业绩考核指标体系不健全，影响激励实施效果。

上海家化《限制性股票激励计划实施公告》

（2008 年 4 月 24 日）

限制性股票的授予条件和解锁条件：

本限制性股票激励计划授予限制性股票的业绩条件为公司 2007 年度净利润不低于 9220 万元，扣除非经常性损益的净利润不低于 8448 万元；限制性股票解锁的业绩条件为公司上一年度净资产收益率不低于 10%。

上海家化 2008 年推出的股权激励计划中，解锁条件只有净资产收益率这个唯一指标。事实上，几乎所有实施股权激励的上市公司基本上都会采用净利润、净资产收益率以及股票价格等作为考核指标，这样的考核体系不仅更具操作性，其反映出的结果也更能体现高管的努力程度以及贡献水平。如果仅采用净资产收益率作为考核指标，一方面，高管可能因急于达到行权条件而刻意操纵考核结果；另一方面，该指标偏重于考核资本的盈利能力，极易引发高级管理人员的短期牟利行为。

第四，因经济体制不成熟，影响了股权激励效果的发挥。

在西方资本市场，股票可以真实反映激励对象对于公司的贡献程度，同时还能如实反映公司在市场中的实际价值。但与西方国家相比，我国的经济体制还有诸多不足之处，股票市场起步较晚，发展不够完善。

上海家化 2008 年实施股权激励计划时，我国股票市场还存在许多问题，股票价格无法有效反映出激励对象为公司发展作出的实际贡献。在这种环境下，当公司股票价格高于实际绩效时，就会引发激励过度的现象，使股权激励变成对高管的福利待遇；而当股票价格低于公司实际价值时，又会引发激励不足的现象。

专家点评

平衡长期发展与短期业绩

※ 通过对上海家化的案例分析，前海股权事务所、中力知识科技认为：

1.股权激励计划的激励目的、激励模式、股份来源、激励对象选择、行权条件和退出机制等环节都需要系统考虑，这样才能真正达到激励的效果。

2.规划和盘点支撑公司战略发展的岗位，进行价值评估，从而科学地确定激励对象和激励额度，才能真正让股权这种核心资源发挥出最大的激励价值。

3.激励指标及目标的设置，不仅需要考虑公司未来长期的发展，还要兼顾短期的经营业绩，要在压力与矛盾之间找到一个平衡点。

※ 知识点提炼：

企业要学习在不确定性成为常态的背景下实现可持续发展，让组织变革成为公司常态，这也将对人和组织的能力提出更高的要求。因此，企业实施股权激励应该紧跟公司发展步伐，从多阶段、多对象、多模式的维度进行，并形成长期动态的机制，以实现股权激励的激励目的。

人和篇

与人相关的关系和谐顺畅，会促进股权激励的推动与实施；反之，如果各种关于人的因素没有处理好，则会造成大量的问题与麻烦，甚至导致纠纷与诉讼。

第四章

创始人与高管产生矛盾影响激励

第一节 国美电器：

经理人与创始人的控制权之争

　　国美推出的股权激励，涉及创始人和职业经理人的控制权之争。起因是大股东黄光裕涉嫌经济犯罪身陷牢狱，职业经理人陈晓临危受命。陈晓上台后，有两个"大手笔"，一是成功引入资本方"贝恩资本"，黄光裕股份被稀释；二是推出家电行业金额最大的一次股权激励方案，赢得董事局成员拥戴。这次股权激励制定匆忙草率，没有经过股东大会的审议，且行权价格偏低，行权有效期长达 10 年，是陈晓利用现行相关治理机制的规则，在大股东与管理层产生冲突的时候出台的，因而显失公平、合理。以调动管理层积极创造业绩为借口，沦为高管谋取私利的手段。

　　国美管理层与创始人的纷争持续近两年，最终，黄氏家族利用长期积累的人脉和资源优势，使投资者倒戈，迫使陈晓离职。

职业经理人主导股权激励计划

2008年11月，国美创始人黄光裕因涉嫌非法经营、操纵市场、受贿等罪行而身陷牢狱。危急关头，陈晓被推向前台。

陈晓曾经是家电行业排行第三的永乐电器的创始人，2006年被国美并购后，陈晓任国美总裁。

陈晓城府深，擅长隐藏才能，不外露自己。作为"空降兵"的他在国美内部并无亲信，只是也未树立敌人，从某种程度上来说，很得黄光裕的信任。在国美群龙无首的紧要关头，陈晓便成为公认的执掌大局的人选。2008年11月，陈晓在国美遭受危难之际接受任命，出任国美总裁兼任董事局代理主席。两个月后，2009年1月16日，陈晓出任国美电器董事局主席之后，充分利用董事会所拥有的权力，实施"去黄光裕化"。

黄光裕在担任董事局主席期间，为了更好地通过强势董事局来控制国美电器，曾多次修改公司章程给予董事局最大的权力，股东大会成为一个不太重要的机构。陈晓出任国美电器董事局主席之后，充分利用董事局所拥有的权力，实施"去黄光裕化"。

黄光裕入狱后不到半年的时间，陈晓在国美"业绩非凡"，一是引进贝恩资本，帮助国美度过了最危难的时刻；二是推出国美首次股权激励方案。但这两项"业绩"，都是在有违大股东黄光裕的意愿的情况下完成的。从实施的结果看，是有利于陈晓本人而不利于黄光裕家族的。因为前者会稀释黄氏家族的股权比例；而后者则使国美管理层集体"倒戈"支持陈晓，使陈晓通过管理层进一步控制国美。

2008年底，国美电器应付票据及银行借贷已达86.57亿元，而当时现金仅为30.51亿元。另外，46亿港元的可转换债即将到期，国美现金流面临严峻考验。2009 年 6 月，陈晓在没有听取黄光裕意见的情况下，直接通过董事局排除了其他融资方，锁定了贝恩资本，融资后国美终于"不差钱"，陈晓巩固了自己在公司的地位。

事实上黄光裕并不同意这份融资协议，因为贝恩资本不像其他机构，能保证黄家大股东的地位，他认为协议的有些条款明显是陈晓和贝恩资本在搞攻守同盟：陈晓的董事局主席至少任期 3 年以上；国美电器须尽力确保贝恩资本方面的董事人选，并且不得提名任何人接替贝恩资本所提候选人。如果国美电器违约，贝恩有权要求国美电器以 1.5 倍的代价即 24 亿元赎回可转债；协议还规定，锁定现有团队，即如陈晓、王俊洲、魏秋立 3 个执行董事中 2 个被免职，就属于触发国美违约的特殊事件；陈晓以个人名义为国美电器做贷款担保，如果离职将会解除担保。这份陈晓和贝恩资本"狼狈为奸"的协议不能不让黄光裕有所警觉。

就在融资最终敲定不久，陈晓酝酿的股权激励方案出炉。2009 年 7 月 7 日，国美公布了一个涉及总金额近 7.3 亿港元、占当时已发行股本约 3% 的股权激励方案。包括陈晓在内，国美管理层获得总计 3.83 亿股的股票期权。具体份额为，陈晓获 2200 万股股票期权，副总裁王俊洲获 2000 万股股票期权，副总裁魏秋立、李俊涛各获 1800 万股，执行董事孙一丁和武健华各获 1300 万股和 1000 万股，几位核心高管成为最大受益者。

这次股权激励覆盖了分公司总经理、大区总经理以及集团总部各中心总监、副总监以上级别，共惠及 105 人。授权日为 2009 年 7 月 7 日，行权日为 2010 年 7 月 6 日。行权价为 7 月 7 日的收盘价 1.9 港元 / 股，有效期为 10 年。

表 4-1-1 国美第一次股权激励管理层受授股份分配表

姓名	职位	激励数量（万份）	行权价	有效期
陈晓	总裁	2200		
王俊洲	副总裁	2000		
魏立秋	副总裁	1800	1.9 港元 / 股	10 年
李俊涛	副总裁	1800		
孙一丁	执行董事	1300		
伍建华	执行董事	1000		

这是国美第一次进行股权激励，也是当时家电行业金额最大的一次股权激励。按照 1.9 港元 / 股来计算，陈晓的账面财富已近 6 亿港元。王俊洲、魏秋立、孙一丁、伍建华均获得上千万股股票期权。如果这次股权激励实施完成，国美将诞生 7 个千万富翁。这是在黄光裕时代所没有的事，他一直没有对管理层实行股权激励。

然而，行权条件设定不合理，让这次股权激励的效果大打折扣。行权价 1.9 港元 / 股偏低。陈晓入主国美后，国美的股价一度降至最低的 2 港元左右，这是国美"内斗"时期的股价，按陈晓定的行权价，使以陈晓为首的管理层很容易得到公司的股权。从这个角度来说，这次股权激励实际上沦为高管谋取私利的手段。

上市公司股权激励计划有效期普遍为 4—5 年，而国美为 10 年，其行权安排明显偏松；对于行权期内未行权的期权，国美可以累积到以后期限继续行权，苏宁的激励方案则是逾期作废，这也为受益人提供了更宽泛的选择余地。

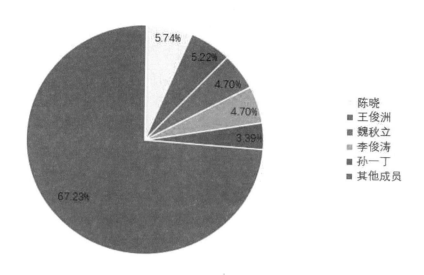

图 4-1-1 国美股权激励授予比例图

此外，这次股权激励制定过程匆忙、草率，仅经过董事局的批准就出台，拟定的方案没有经过股东大会审议，而且是在大股东同管理层产生严重冲突的时候出台，出台的时间明显"不合时宜"。从这个角度来说，以陈晓为首的国美董事局是利用公司治理制度，出台的股权激励方案，是有失公平和合理的。

在未经大股东同意的情况下对国美管理层施以股权激励，黄光裕认为陈晓是在收买人心。

创始人家族重掌控制权，股权激励流产

陈晓随后谋划动用增发 20% 股份的权利——这项权利是由股东大会通过并授权给董事局的，陈晓此举将进一步摊薄大股东黄光裕的持股比例。黄光裕在 8 月 4 日发函，要求国美电器召开临时股东大会取消该项授权，并罢免陈晓和孙一丁两位执行董事，由此引发董事局和大股东的正面决战。

在 2010 年 8 月 23 日的业绩发布会上，陈晓表示，当前公司的现金已经达到了 60 亿港元，但未来五年的规划需要 70 亿—110 亿港元的资金。国美目前存在资金缺口，其方法是采取通过向投资者额外发行股票来募集资金。按照国美当时 2.4 港元的股价来计算，如果增发 20% 的股份也就是 30 亿股，可融资 70 多亿港元。

因为黄光裕夫妇正在接受法院调查有可能不参加增发。这样，在陈晓主导下的定向增发后其股权将被摊薄至 28%。国美电器董事局倾向于 10% 的股份由贝恩资本接手，如果贝恩资本全额认购 10% 的增发股份，加上其可换股债券所包含的 9.4 亿股权全部转股增加 5% 的股权，那么陈晓和贝恩资本合计持股将达 25%。28% 比 25%，这样的比例会使黄、陈双方在临时股东大会上更加势均力敌。与此同时，在对高管股权激励后，陈晓在国美大权在握且地位稳定，他也有可能参加这次增发，增发后其股份会随之上涨。

遗憾的是陈晓联络的同盟者是同为小股东的贝恩资本。作为战略投资者的贝恩首要考虑的是资本的回报。而作为大股东的黄氏家族手中也还掌控着盈利这张"王牌"。

黄光裕不能眼看着自己亲手创建的基业一步步落在他人手里，他在 2010 年春下定决心进行反击。

在 2010 年 5 月 11 日国美电器召开的股东周年大会上，黄光裕联手妻子杜鹃，利用自己手中的表决权，否决了国美电器董事局对贝恩三位非执行董事人选的提案。但就在当天晚上，陈晓就临时委任了被股东大会否决的三位董事人选。陈晓此举在黄光裕家族看来无异于"乱臣贼子"。

在 2010 年 9 月 28 日召开的国美股东大会上，黄光裕要求撤销陈晓等人职务的提案没通过，但他的取消董事局增发授权却通过了，相当于"将陈晓手中的刀夺下"，其大股东地位得以保持。

此后，黄光裕全力以赴地维护黄家对国美的支配权，而陈晓也一心要保住以自己为代表的高管团队的地位。双方的立场水火不相容。最终究竟鹿死谁手，需要看各自手中的筹码。

黄光裕手中的一个核心筹码是门店。2004 年国美上市时，其全国 37 个城市 135 家门店中，只有 22 个城市的 96 家门店已纳入上市公司，15 个城市的 39 家门店仍由黄光裕个人掌握。到 2010 年上半年，国美上市门店数量为 740 家，上半年销售 249 亿元；非上市部分门店共有 372 家，实现销售额 96.17 亿元，这些非上市门店就是掌握在黄光裕手中的筹码。情急之下，黄家会作出将非上市门店与上市门店切割的决定。非上市公司和上市公司一旦分拆，对国美电器最直接的负面影响是非上市公司不再向上市公司缴纳管理费，上市公司将会减少上亿元的管理费收入。

黄光裕方面还有一个撒手锏，就是国美电器商标使用权。国美电器品牌价值为 553 亿元，是中国家电连锁零售第一品牌。如果黄光裕决定收回国美商标，失去国美品牌将给企业运营带来巨大伤害。

2011 年 3 月，随着贝恩资本态度的转变，陈晓被迫离职，回到上海。

黄陈之间的这场战争，其实是双方围绕公司控制权发生的一场激烈冲突。从实质上暴露了中国家族企业转型过程中普遍存在的风险。即职业经理人和外部战略投资者结盟，与创始人家族争夺控制权。在这场争夺战中，家族企业的优势在于长期创业中积累下来的威望、人脉和经验。职业经理人与外部战略投资者的优势是熟悉现代企业管理、资本市场游戏规则和法律。

投资者的目的是盈利，谁能盈利他们就支持谁。陈晓和大股东之间存在不可调和的矛盾冲突，这让贝恩等投资者清醒地意识到，"反叛"后的职业经理人陈晓在和大股东黄光裕激化矛盾后，很难带来他们希望获取的利益。再三权衡利弊之后，贝恩等投资者终于把陈晓当"弃子"抛弃。

专家点评

职业经理人主导下的股权激励为什么会失败？

※ 前海股权事务所、中力知识科技认为，国美第一次股权激励失败的原因在于：

这个案例不仅有股权激励，还有控股权之争，是作为小股东的职业经理人陈晓"以小博大"，在违背大股东黄光裕的意志下发起的股权激励，其目的一是为了笼络国美管理层达到稳定地位的目的；其二是通过股权激励增加自己的股权比例，进一步"去黄化"。这个案例算是中国企业史上最激烈的股权争夺大战，是典型的"失人和"的案例。

在控制权争夺战中，谁掌握公司控制权的问题，一般要以股权实力做基础。在特殊时期，尽管陈晓大权在握，还是挑战不了公司的治理规程。他其实可以选择通过管理层收购的方式去获得公司的控制权，但也许选择对高管的股权激励更能遮人耳目。随后的融资和定向增发也都带有相同的目的。但贝恩资本毕竟是投资股东，且只是要业绩的战略伙伴，注定陈晓所做的种种努力最终归于失败。

※ 针对上述问题，前海股权事务所、中力知识科技认为：

在我国尤其是民营企业中，股东大会的作用往往被忽视。黄光裕在担任董事局主席期间，为了更好地指挥国美部署战略，曾多次修改公司章程给予董事局最大的权力，股东大会越来越成为不太重要的机构。一般轻易不会召集股东大会。陈晓临危受命出任国美董事局主席后，更是充分利用董事局所拥有的权力，实施"去黄光裕化"。

黄光裕身陷牢狱，为了扳倒陈晓，最终只好在狱中发令，利用他的大股东地位，坚持要求召开股东大会，并在股东大会上否决了陈晓向投资者定向增发的提案，从而保证了大股东的地位。

黄光裕在危急关头利用他在国美的大股东身份召开股东大会，赢得黄氏家族取得胜算的关键性的一步，这表明黄氏家族正是利用公司治理赢得了对国美的控制权。

※ 知识点提炼：

1. 做好公司的治理设计，才能明确责权利的关系以及调动员工的积极性，保证股权激励的顺利实施。

公司治理的最上层是股东大会，中间层是董事局，底层是公司管理层。股东大会是公司的最高权力机构，公司的一切重大事件比如公司增资、利润分配、选举董事或监事等重大事项由股东大会决定。股东大会下设董事局和监事会两个平行机构。董事局是执行机构，是公司战略、经营管理和客户满意度的最高责任机构。监事会是监督机构，其职责包括董事/高级管理人员履职监督、公司经营和财务状况监督、合规监督等。

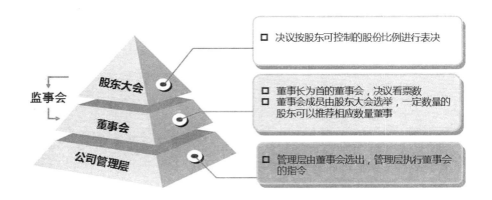

图 4-1-2 公司治理结构架构

2.我国企业公司治理结构还任重道远。某种程度上，可以说公司治理体现了公司内部权力制衡的游戏规则。在遵守公司章程的同时，还需要视公司的组成人员等具体情况设立好治理规则，以使公司在每一步的发展中都能够有章可循，不至于因为一些突发事件的发生阻碍公司的发展。

第二节 俏江南：

家族企业与经理人的"貌合神离"

"中餐女王"张兰凭借自己眼光和勤奋把俏江南做到中高端餐饮，形成独特的餐饮品牌。在 2008 年金融危机时，为了扩大规模、规范管理吸纳了私募资金鼎晖的投资，同时凭借股权激励吸引新的管理人才。

然而，由于经营理念的不同，外聘职业经理人"空降"企业后寸步难行，大有"水土不服"之嫌，所提出的方案如同空中楼阁，根本不能落到实处。随着外聘职业经理人的离任，俏江南在引进外资后所做的股权激励如同打了水漂，不但没有给企业的发展带来任何好处，反而给成本增加了巨大负担。

"中餐女王"身陷资本迷局

俏江南张兰是个颇具传奇色彩的人物。她 1991 年开餐馆创业下海，10 年时间攒下 6000 万元。她准备进军高端餐饮业。很快，在北京国贸的高档写字楼里，出现了一家以川剧变脸脸谱为 logo 的"俏江南"餐厅。随着俏江南通过不断创新的菜品和高端餐饮的定位，在中国餐饮市场赢得了一席之地。其业务也逐步向多元化发展，衍生出包括兰会所在内的多个业态。

一切都按照张兰的愿望顺风顺水地发展。到 2007 年俏江南的销售额达 10 亿元左右。2008 年，张兰如愿以偿，成为北京奥运会中餐服务商。正当张兰高举高打迈步高端餐饮的时候，2008 年全球金融危机爆发，俏江南的业绩也大幅滑坡。

而在各行业的一片哀鸿遍野中，餐饮业稳定的现金流吸引了风险投资。在此之前，中餐餐饮以行业标准化不足，散乱差难以赢得资本的青睐，始终靠自有资金滚动式发展。随着餐饮行业巨头的出现，资本开始成规模地投资餐饮行业。在这种背景之下，既有规模优势又有高端标签，还有奥运供应商知名度的俏江南，很快招来资本的青睐。2008 年下半年，俏江南与鼎晖投资一拍即合，前者急需资金扩张，后者试图通过入股分一杯羹。

这对张兰而言，无疑是她创业生涯中最辉煌的时刻：俏江南首次被"明码标价"，估值高达 20 亿元。2008 年 9 月 30 日，俏江南与鼎晖签署增资协议。鼎晖注资约合 2 亿元人民币，占其中 10.526% 的股权。为确保利益不受损，且获得"倍增"的利润，投资条款中包括了"对赌协议"：即如果非鼎晖方面原因，造成俏江南无法在 2012 年底上市，鼎晖有权以回购方式退出俏江南。

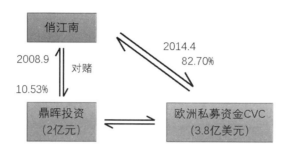

图 4-2-1 俏江南被投资方鼎晖实施"对赌"协议[1]

张兰同鼎晖签署协议时，认为引进风险投资后"上市"不成问题。而从随后的事件演变看来，所有一切并非人力所控。俏江南上市未果后所有约束条款相继发生作用，令张兰日陷尴尬，乃至于最终出局。这场因股权融资引发的博弈曾引发广泛报道，本文关注的则是由于这次股权融资而引发的另一场博弈：张兰和职业经理人之间的合作困境。

对职业经理人"分股"并未"分权"

张兰引进鼎晖，除了引进资金外，还希望借助鼎晖的经验，帮助俏江南做软硬件方面的提升。在她看来，只有引入资本，才有可能真正解决激励机制问题，吸引新的管理人才，凝聚团队力量。在同鼎晖签订的增资协议中，有一条规定：各方承诺，增资完成后，向公司提供股权激励建议方

---

[1] 2008 年鼎晖注资俏江南 2 亿元人民币，获 10.53% 的股权。2012 年俏江南上市未果，触犯了和鼎晖签署的"对赌"协议。为了获取投资回报，鼎晖决定依照协议以相同的价格和条件将股份出售。2014 年 4 月，CVC 以 3.8 亿美元收购了俏江南 82.7% 的股份。在俏江南准备上市的过程中，因为公司治理结构并未做实质性的调整，高薪聘请的职业经理人形同虚设。

案，协助公司建立健全合法有效的薪酬管理体系及激励约束机制。

这个时期，张兰与其团队遭遇了管理上的天花板。当时面临的问题，首先是如何实施有效的"远程管理"。和很多连锁餐饮企业一样，俏江南当时也采用"弱总部、强诸侯"的放权式管理，彼时，各地分店店长权力很大，大家都比着向前跑，一方面拉动了公司整体发展，但同时也出现了负面效应。

发展早期，由于既有直营店，也有加盟店，有些俏江南门店之间距离比较近，为了保证自己门店的业绩，店长会挖空心思揽客，甚至擅自推出促销优惠，将其他俏江南门店的客户吸引到自己这里来。这使俏江南的管理显得很混乱。

俏江南虽也有总部，但并未与下面的分店构建起有效的管理关系，管理模式主要依靠张兰或几名核心管理者的勤勉，通过个人巡店来进行流动式管理。这种管理模式在早期店少的时候可以这么做，但是等到几十家店分布在不同城市的时候，就不能够光靠勤奋了。因此，张兰很想通过引进现代企业制度，改进餐饮行业的一贯散乱不规范、难以标准化的缺点。

中餐菜品丰富，不像西餐的麦当劳、肯德基那样建立中央厨房，实现标准化管理。不同地方的菜品及价格不一样，每天的采购和营业过程中产生的现金交易是否存在漏洞，如何控制这些漏洞，这是中餐餐饮难以解决的问题。

服务标准化的问题，也是亟待解决的问题。餐饮业是个最没有门槛的行业，用人成本低，素质参差不齐，很难统一标准。

为了解决这些问题，俏江南也做了很多管理系统，例如财务管理系统、采购管理系统、库存的 ERP 管理系统、公司内部的流程 OA 系统，还有收银系统等等，正是这些系统支撑着俏江南在两年之内开出 30 多家店来。

但如果要继续扩大规模的话，还需要建立更完备的体系。

为了解决这些管理上的问题，张兰不仅本人去各大商学院进修学习，也把和她一起创业的元老安勇送去商学院学习。包括她的儿子汪小菲也送去国外学习酒店管理。但要做到资本市场需要的规范和标准，还需要借助外脑。

2010年初张兰迈出了重要的一步，挖来了麦肯锡公司前全球董事合伙人魏蔚担任俏江南总裁。魏蔚毕业于法国INSEAD工商管理学院的MBA，是麦肯锡大中华区第一位女性董事合伙人、顶级职业经理人，她选择进入俏江南这一民营餐饮企业，一是看中了俏江南的规模，当时俏江南旗下的子品牌门店数量已经达到50家；二是俏江南已积累了许多国内外的优质资源。

2010年3月16日，为了与国际惯例"接轨"，张兰将俏江南4.7%的股份，以1508万价格转让给了魏蔚为法人代表的远腾投资有限公司。张兰求贤若渴给予魏蔚的激励，超过了和她一起创业的安勇与史海鸥。

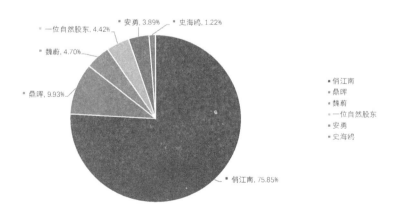

图 4-2-2 俏江南引进职业经理人后持股情况

魏蔚上任后，在俏江南实施的"革新"主要有四点，即所谓的实现"四化"。第一是企业化，做好企业内部整个流程建设，建章立制，这就好比打通经脉，才能更好地成长。第二是信息化，俏江南的员工散布在全国各地甚至全球，人数已有3000人，将来甚至会更多，必须借助信息化来管理人和事。第三是标准化，当俏江南规模越做越大后，所有的供需都必须标准化，这样才可以复制。第四是国际化，一定要将直营店开到国外去。

然而，魏蔚的"改革"在俏江南可谓"壮志难酬"。她提出的"四化"在俏江南很难实现。

首先，张兰对俏江南的管理，是"家长制"、"一言堂"、"一支笔"。她在管理上很强势，做问题决策时，就是靠直接指令、不需要民主；她对一个问题的看法，就是公司的游戏规则。在这种"人治"的管理模式下，老板对员工有绝对权威，店长只认老板，只听老板的指令。这是国内大多数第一代民营企业共有的特点。引进职业经理人后，张兰依然时常风风火火冲到员工面前，发号施令，有时候她会意识到魏蔚的存在，让员工听魏蔚的。

这样一来，不管改革方案有多好，经理人都很难从头建立秩序，难以建立威信，推动公司的行为习惯的变革难度非常大。"一旦经理人与店长之间发生矛盾和抵触，将会对老板与经理人之间的信任关系带来挑战。"许多民营老板引进职业经理人是希望注入新鲜血液，使企业的管理提升一个档次。这对于许多私营老板来讲相当于"断奶"，这个过程是艰难的，因为许多创始人养成的一手包揽的作风很难改变。

其次，职业经理人魏蔚提出的管理模式是增加成本的，而张兰是很"抠门"的。她长期舍不得花钱请专职司机，出国坐飞机总是经济舱，虽然倡导精品饮食，有时中午就坐在宽大的办公室内吃自家的白菜豆腐。俏江南一位前任高管说，"她这个人能把一分钱掰开使"。

因此魏蔚在俏江南的改革可以说是寸步难行。魏蔚在俏江南所有"大手笔"改革方案，最终归于流产。这样的事不是第一次发生，2006年曾给俏江南提供咨询服务的项目组，在俏江南蹲点半年后，感叹道："她（张兰）其实有意识要做管理体系，但对怎么做并不清楚，我们跟她提到很多东西，她都没有做过。"

魏蔚来俏江南就职时，携带的唯一一份资料是《CEO上任100天》，这是一份告诫新CEO如何快速介入管理的实践方法和忠告。魏蔚在俏江南恰好待了100天，她在当年年底就结束了任职。魏蔚之后，张兰还曾引进另一位外部经理人，最终也并不长久。俏江南引进职业经理后所实施的所有管理变革最终流产。

俏江南最终回归家族管理，2011年春节之后，张兰让儿子接管了CEO职务与工作。

从公司治理的角度来说，这是一种倒退。股市要求公开透明，股权"多元化"后，意图之一是要"去家族化"。"家族企业"管理给外界的印象是迷雾重重，更何况魏蔚的"四化"并未完成，魏蔚就职之前存在的一些管理漏洞依然存在。

俏江南的上市之旅因此并不顺利。2011年3月，俏江南向中国证监会提交了于A股上市的申请。申请提交之后，一直处于"打入冷宫"状态，监管层冻结了餐饮企业的IPO申请。冻结的原因，不外乎没有实现标准化管理。"采购端与销售端都是现金交易，收入和成本无法可靠计量，无法保证会计报表的真实性"。

随着职业经理人的引进而实行的一系列股权激励举措，俏江南原来一股独大的"单一"股权变成了"多元化"，公司治理已经拿上议事日程。

股权激励并不仅仅是引进一个职业经理人，分一些股份出去。创始人假扮"甩手掌柜"，其实在暗地"垂帘听政"。分股的同时，能否做到真正的分权，是对企业创始人更大的考验。

专家点评

家族企业如何有效激励职业经理人

※ 前海股权事务所、中力知识科技认为，俏江南案例的关键点主要在于对职业经理人"放权"的问题：

即除了"分股"也要"放权"。单纯"分股"只是流于表面，实质上还是创始人"一言堂"的管理体制。换种说法叫作"创始人情结"，即创始人不能接受"变化"，无法从早期亲力亲为的管理模式中解脱出来，放手放权给职业经理人，把自己变成把握大方向的"甩手掌柜"。

※ 针对上述问题，前海股权事务所、中力知识科技认为：

股权激励既要有"奖励机制"也要有"约束机制"。具体在俏江南案例中，张兰出让 4.7% 的股份引进职业经理人魏蔚后，就需要对她建立一系列的相应的管理制度。通过制度对魏蔚提出的"改革"方案进行通过论证，并在实施后用制度为她扫清来自方方面面的障碍，比如魏蔚作为"空降兵"同创始团队的矛盾。同时，通过制度对魏蔚进行绩效考核。

张兰没有意识到的一点是，随着职业经理人的引进，俏江南的发展已经到了一个新阶段，为了推进变革的完成，需要进一步完善管理制度，用制度来保障职业经理人的改革。

※ 知识点提炼：

1. 企业的组织结构对企业的长久发展有重要意义。在企业发展中，需要把企业的组织结构的设定纳入战略高度，进行最优化的设计和整合，才能为企业的日常管理和长远发展提供基础性参考。企业的组织结构的设计需要考虑动态、连续的发展的过程，即企业在不同阶段都应该有相应的、合理的调整，以实现企业资源的最大化利用，以便使组织绩效达到最优。而企业的组织结构应该和企业的发展目标、实现目标的流程以及在这个过程中所涉及的责权利保持一致。

2. 组织结构的设计和调整过程就是企业实现华丽蜕变的过程。它伴随着企业从低级向高级形态的过渡和发展，是企业从最初级的形态裂变至高效的生态企业模式，是企业脱颖成为生态型企业不可或缺的法宝。它有助于企业的人才和其他资源得以充分有效的利用和整合。

第三节 雪莱特：

高管离职引发"连环官司"

广东雪莱特光电科技股份有限公司董事长柴国生为了加快企业的发展，两度对高管李正辉"赠与"股份，并以工作五年作为约束条件。结果因为李正辉的提前辞职引发双方数度对簿公堂，其围绕股权激励引发的"连环"纠纷创造了两个国内"第一"："第一起上市公司诉股东滥用股东权利案"和"第一起股权激励纠纷案"。

这种由于股权激励约束机制不健全而导致的创始人和高管间从"同甘共苦"到"大打出手"，不能不令人警醒、唏嘘。这表明在企业发展过程中，股权激励相关措施的制定和完善已迫在眉睫。

亿元股权激励引发"滥用股东权利"案

柴国生 1992 年下海创业，2006 年雪莱特公司上市，他从此成为各种富豪榜上的常客。雪莱特尽管净资产不过数亿元，但拥有一批技术含量很高的发明专利，企业的科技含量让许多产值数百亿的巨头都感叹羡慕。

李正辉在业界被称为"销售奇才"，是柴国生的云南同乡。李正辉 2000 年进入雪莱特，先是给柴国生当助理，一年后任公司副总裁，负责销售。2002 年，李正辉从柴国生处获得 38 万股雪莱特股份（约合当时公司总股本的 3.8%）。双方约定，李正辉自 2003 年 1 月 1 日起，至少要在公司服务满 5 年，若中途退出将收回这部分股权。2004 年 7 月，李正辉又获 96 万股（占公司 0.7% 的股权）。李正辉承诺自 2004 年 7 月 15 日起五年内，不能以任何理由从公司主动离职，否则将按约定向柴国生给予经济赔偿。

这是李正辉同柴国生的"蜜月期"，双方合作很愉快。雪莱特也驶入发展的快车道，于 2006 年 10 月在深交所成功上市。

然而，公司上市不到一年的时间，2007 年 7 月 25 日，李正辉突然向雪莱特提交辞职报告，拟辞去董事和副总经理职务。雪莱特董事局批准了他的辞职请求。此时，按照两份赠与协议中的约定，均未到服务年限。而李正辉也没有按协议要求退股或做任何经济赔偿。

李正辉离职两个月后，2007 年 9 月 29 日，柴国生以未履行相关协议及承诺为由，将李正辉告上法庭，要求李正辉归还所有赠与股份。自此，雪莱特和李正辉之间的"股权激励纠纷案"拉开序幕。

2007 年 10 月下旬，李正辉在南海法院起诉雪莱特董事局决议违法，要求法院撤销董事局决议，恢复其董事地位及股东权益。李正辉表示，在自己完全不知道的情况下，2007 年 8 月 27 日，公司召开董事局，单方面作出了解除李正辉董事及副总经理职务的决定，并解除了他的劳动协议。12 月，李正辉再次为相同的目的提起诉讼。

就在法院审理期间，2008 年 3 月 10 日，李正辉主动撤诉，并被法院当日裁定准许撤销起诉。李正辉撤诉半个月后，2008 年 3 月 24 日，雪莱特以"滥用股东权利"为由起诉李正辉。4 月 1 日法院正式受理该案，"滥用股东权利"成为全国首例案。

我国《公司法》第二十条规定："公司股东应当遵守法律、行政法规和公司章程，依法行使股东权利，不得滥用股东权利损害公司或者其他股东的利益"，"公司股东滥用股东权利给公司或者其他股东造成损失的，应当依法承担赔偿责任"。

因为李正辉手里还持有雪莱特的股票，所以雪莱特还把他认作公司"股东"。认为他作为公司"股东"，应该维护公司形象和声誉，而不能动辄诉诸法律。雪莱特认为李正辉作为公司原董事、副总经理和公司股东，滥用了《公司法》赋予的诉讼对公司提起诉讼，该案件在经法院两次开庭并引起媒体广泛关注后，不等判决结果，随意撤诉，系出尔反尔，系滥诉行为，给公司造成了包括股价波动、社会负面评价等不良影响，要求法院判令李正辉赔偿其经济损失10万元。

围绕之前雪莱特对李正辉返还股份的起诉，不难理解，李正辉提起该诉讼是为了避免承担返还获赠股票及赔偿损失的责任，是出于个人利益的角度考虑。因为按照雪莱特上市后的股价计算，李正辉当年从柴国生手里"获赠"的股票，已经升值近亿元。李正辉的起诉，同雪莱特在诉状中提到的影响"公司股价波动"以及造成"社会负面评价"并没有直接关联，造成公司股价波动的原因很多，雪莱特手中并没有翔实的证据证明李正辉的起诉导致了股价波动。另外，股东有起诉权，也有撤诉权，李正辉的诉讼，是否以损害公司或其他股东的利益为目的，雪莱特也拿不出相关证据。

至此，雪莱特起诉前高管李正辉"滥用股东权"的案件降下帷幕。该案成为上市公司"公司起诉高管"的第一案。

"股权激励纠纷"连环官司

至于柴国生起诉李正辉要求其返还获赠股票并赔偿损失一案的关键点，一是当年柴国生赠与李正辉的3.8%的股份在雪莱特上市及送股后，已增至522万多股，因此，柴国生要求李正辉返还这522万股及赔偿损失

1929 万元。

二是按照李正辉的说法，所谓股权"赠与"只是柴国生单方面的言辞，当时划归他名下的 38 万股股权实际上是他出资 106.4 万元现金从柴国生手中购买所得，这可以公司股权变更时在工商登记部门备案的一份股权转让协议为证。

这里就涉及"阴阳"协议的问题。柴国生将股份转让给李正辉时，前后签了两份协议。第一份协议是无偿赠与，要求李正辉接受赠与后，必须在公司工作至少五年，这个协议没有在工商部门登记；第二份协议是用来在工商部门办理变更登记的，这个协议内容是有偿转让股份，上面没有约定李正辉继续在公司工作的年限。

对此，柴国生指出，第一份赠与协议已从 2003 年 1 月 1 日起生效，李正辉正式享有股东权益，并参与了 2003 年全年分红，2003 年 4 月的工商登记只是一种补充办理的手续而已。

柴国生认为李正辉举证的他在 2003 年分两次将 106.4 万元现金作为购买已赠予他的股权一说不成立。理由是当时这份赠予股份是按 38 万元价值计算的，李正辉不会在不到半年的时间内，以原价值 2.8 倍的现金来购买原本赠与自己的股份。而且，雪莱特公司从 1997 年起，就有将股份无偿赠予高管的传统，随后在工商部门变更股权所做的登记，所显示的购买资金，是用公司资金办理的个人登记，没有要任何人掏过一分钱。

还有，柴国生表示，他不可能在办公室里收受李正辉交给的 100 多万元的现金而不开任何收据。

根据提供的证据，广东省高院作出终审判决，认定很难确认李正辉向柴国生支付了 106.4 万元。虽然《招股说明书》中有关于股权款全部以现金方式结清的描述，但以当时签署的两份合同来看，应以表达双方真实心意的一份为主。提供的工商部门备案的，只是证明公司股权发生变化的协议。

不过，虽然判决了李正辉 3.8% 的股份属于柴国生赠与，但省高院认为，李正辉自 2003 年 1 月 1 日持股后在雪莱特公司服务了近 4 年零 9 个月，尚有 4 个月的服务时间未满，所以对于柴国生要求李正辉返还其全部赠与的股票，省高院不予支持。省高院最终判决，按每月获赠股份的数额折合可撤销赠与的 4 个月的股份数共计 34.83 万股，以及第二次赠与的 0.7% 的股份，由李正辉退还给柴国生。并规定李正辉从判决生效之日起 10 日内支付，逾期按银行规定的贷款利率双倍支付利息。

当时李正辉持有雪莱特公司股票约 618.62 万股，按照判决头天的股价 7.21 元来计算，市值约为 4460 万元。按照省高院的判决，李正辉赔偿 2180 万元给柴国生。

赔偿后李正辉的身价依然高达 2280 万元。

按照人们的理解，这场官司已经尘埃落定。谁知，一年后，2010 年 11 月 16 日，这桩股权激励案再次掀起波澜——李正辉起诉柴国生，要求索赔 8418 万元。

"股权纠纷案"判决之后，柴国生向法院申请诉讼财产保全后，李正辉的两处房产、一辆汽车及持有的雪莱特 618.62 万股被法院查封、冻结。2010 年 5 月 10 日，法院解封李正辉持有的最后一批雪莱特公司股票 223 万余股、两套房产及一辆车。

李正辉认为，因柴国生申请查封冻结，被冻结财产最终解封后，自己的股价、股价利息、所得税、执行费及罚息等损失高达 7848 万余元。11 月 8 日，李正辉申请将索赔额增加至 8418 万余元，他认为在冻结期间，2007 年 10 月 16 日的股价最高，应按当时的股价来计算自己股票下跌造成的损失。

作为诉讼程序的一部分，柴国生向人民法院提出的财产保全申请获法院批准，并已实际执行，裁定查封、冻结了李正辉持有的雪莱特股票618.6万股及其他资产。为此，裁定同时也查封、冻结了柴国生持有的雪莱特股票700万股作为财产保全担保。可以说，这场由"股权激励"生发的案件没有赢家。

这个案例的关键在于"退出机制"的设计不当。退出机制设计的核心包括退出价格、退出数量、受让主体、退出程序等方面。在设计时需遵循以下两大原则：

1. 离职即退出原则。股权激励的对象是员工，通过股权激励的方式将员工变为股东，目的是使员工能够参与公司决策、分享公司成长收益并承担风险。因此，被激励的对象是与公司有正式劳动关系的员工，一旦劳动关系终止，参与人就失去了成为激励对象资格。其次，为了更好体现激励性，加大激励力度，公司一般会通过赠与（0价格）或低于市价的方式给激励对象股权，来换取激励对象一定的服务年限，若激励对象在离职后未返还股权，其身份则由员工变为投资人，不符合股权激励的初衷。因此"离职即退出"是退出机制设计的首要原则。

2. 对等原则。股权激励方案设计的根本在于兼顾"激励性"与"约束性"。退出机制过于严格，可能导致约束性高于激励性，难以发挥激励作用。退出机制过于宽松，可能导致约束性低于激励性，结果有可能导致激励对象作出损害公司及其股东利益的事。

雪莱特对李正辉的两次"增股"的约束均以"服务期限"作为判定的标准。如果说第一次赠与退出的条件是李正辉返还获得的股权；第二次赠与则相当于需要返还柴国生向其赠与的股份的实际价值。相较于第二次赠与，第一次赠与所制定的退出约束远远低于其激励性，一定程度上违背了柴国生当初赠与李正辉股份的初衷。双方预期不对等，导致李正辉与柴国生在这个问题上存在比较大争议。

如何设计股权激励的退出机制，确实是股权激励方案的一项难点和关键点。这往往也是容易被企业家所忽略之处，希望不要等到对簿公堂才引起重视。

专家点评

该不该对高管赠与实股？

※ 前海股权事务所、中力知识科技认为，雪莱特同高管因股权激励发生连环官司，其原因在于：

雪莱特对高管进行股权激励，选择了一步到位的实股模式，本意是想留住高管，同心同德，共创事业。但由于对激励对象思想动态了解不深，激励方式选择不当，使得原本关系亲密的事业伙伴变成水火不容的敌人。从案例中可以看出，雪莱特的激励方案比较草率。不论是从获得的方式、约束条件、阴阳合同的签署等方面看，都不专业、不全面，相关手续也不规范，退出机制也不健全，以致后患无穷。

民营企业老板为了调动高管或员工的积极性，并始终同自己保持一致，往往会无视一些规章制度去办理一些事。李正辉两次从柴国生手里获得股份，是否花钱购买以及花费多少、签署什么协议、有什么约束条款、什么时候退出等等问题都应该在相关协议上有所体现，结果诸多问题需等到法庭上的辩论才真相大白。说明当初所签协议漏洞百出，很大程度难以还原当时的状况。按照柴国生的供词，李正辉所拥有的股份是公司花钱购买给李正辉。这种股权激励模式实属一厢情愿，难以调动员工的积极性。坦率地说，根本没有起到股权激励的作用，或者说，根本就不能称为股权激励。难怪不到 5 年的时间李正辉就被公司"炒鱿鱼"，某种程度上也可以理解为是李正辉的业绩表现没有达到公司的要求。

※ 针对上述问题，前海股权事务所、中力知识科技认为：

"股权激励"是受激励对象在出资购买股权后获得自己劳动创造的倍增的收益。通过"赠与"股份的方式难以达到"激励"的目的和效果。另外，企业可视公司的发展状况或项目的启动情况对高管采取长期、中期或短期激励。奖金、分红都可以算是一种激励模式。对企业里的高管或员工来说，如果要享受股东权利，一定要购买股份，而不是赠与。而且一定要有退出机制。高管在签署离职协议的同时，退出机制就应该生效。

对高管激励的方式应该多种多样。常见的有年度超额利润分享、虚拟股、限制性股票、股票期权、虚拟增值权、实股等多种方式。如果一定要以"赠与"的方式，可以采用"干股"即红利股，这种激励模式，不办理股权转让，不办理工商登记，也不享受股东权利，员工离职后，干股就不存在了。

※ 知识点提炼：

1. 实股激励目的在于使被激励对象产生主人翁精神，凡事能从企业的发展角度考虑。激励对象一旦拥有公司的实股，就成为公司的股东之一，从此就要将自身的利益同公司的利益、其他股东的利益保持一致。因而，会更多关注企业的顶层设计，关注企业的经营状况和股权价值，也就会更多地投入到企业的发展中。

2. 进行实股激励时，要注意以下操作要点：首先要明确进入机制，即达到什么条件、什么标准可以成为公司实股股东；其次要有行权机制，也就是约束机制，如果没有创造足够的价值，达到相应的业绩，就不能获得股份收益；再次要明确退出机制。很多股权纠纷就是因为没有明确退出机制。所以，在股权激励中，一定要做到"先小人后君子"，先明确义务再享受权利。

3.实股激励机制建立的是出资人之间的股东关系，与劳动合同关系相比，股东关系在关系稳定性、长久性方面都更有优势，且有着更加深入的权利享受和义务承担，一般来说更适合核心员工。实股模式下基于股权激励而产生的股东关系是一个独立的关系，不因为基础劳动关系的丧失而失去。

4.实股模式下的股权激励，无论公司按照何种方式估值、员工按照何种方式出资或增资，本身基于股权内在出资属性的特点，一般是要求员工出资购买的。因而，实股股权激励存在的缺点是，对原有股东来说意味着控制权被稀释；对被激励对象来说，则存在购股资金压力大的问题。如果没有明确退出机制，被激励对象离职后容易产生纠纷。

第四节 富安娜：

A股股权激励天价索赔第一案

2015年1月19日，持续延烧两年多的富安娜天价股权激励索赔系列案终于尘埃落定，在这宗堪称"A股股权激励第一案"中，深圳市家纺行业上市公司富安娜作为原告方笑到了最后，而16名离职员工则被法院判赔老东家富安娜3230.52054万元及相应的利息。

富安娜股权激励纠纷案，是自雪莱特公司"柴国生诉李正辉股权纠纷案"之后的第三起上市公司股权激励纠纷案件。在雪莱特和富安娜之后，更多围绕股权激励产生的纠纷接二连三被媒体爆出。

我们不禁要问，股权激励是企业的一种慷慨赠与，本该发挥应有的激励作用，实现企业与高管的双赢，为何最后却落得股东反目、对簿公堂的结果。富安娜"股权激励门"究竟敲响了谁的警钟？股权激励这副"金手铐"又为何失灵？

股权激励变作对簿公堂

让我们先回到这起股权激励纠纷案的起点。2007年6月，富安娜制订和通过了限制性股票激励计划，以定向发行新股的方式，向激励对象发行700万股限制性股票，用于激励高管及主要业务骨干，发行价格为股票发行前一年经过审计的公司每股净资产。以2012年12月31日解禁复权后的股价计算，上述股票价值约为人民币3.5亿元。

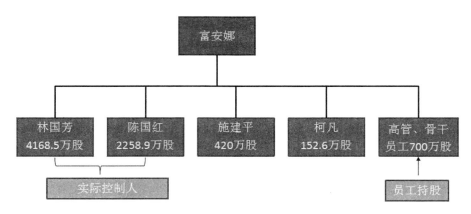

图 4-4-1 富安娜实施股权激励后的股权结构

富安娜上市前股权分置改革时拥有员工超过 2000 名，其中 109 名管理人员被纳入该股权激励计划，获授原始股。富安娜《限制性股票激励计划》规定，持有公司限制性股票的股东以及其他普通股股东都享有同等的分红权和投票权，但是在转让上存在一定的限制：

富安娜《限制性股票激励计划（草案）》（2007 年 6 月）

自该计划实施后的 1.5 年为禁售期，禁售期内限制性股票不得转让；

禁售期后的 3 年为限售期，限售期内若激励对象达到《激励计划实施考核办法》规定的相关考核条件，则可申请对所持限制性股票的一定比例逐步予以解除锁定，从而成为无限制条件的普通股票；

未能解除锁定的限制性股票将被公司回购，具体为："在本限制性股票禁售期和限售期内，激励对象因辞职而终止与公司的劳动关系时，公司有权根据公司上一年度经审计的每股净资产作价回购其所持限制性股票"。

　　富安娜舍得拿出如此巨量的股权利益，除了希望借助股权激励稳定团队、实现公司长远发展的目的之外，还与行业环境有关。彼时，家纺行业内高级管理人才稀缺，企业间抢夺激烈，互相挖墙脚事件时有发生。而当时的富安娜正处于筹备上市阶段，正所谓"千金易得、一将难求"，其慷慨解囊的初衷不难理解。虽然此次股权激励堪称大手笔，然而，相应制约政策的缺失，却为日后的股权激励纠纷埋下了伏笔。

　　富安娜的股权激励起初是有对应的限制性条款设置的，比如要求员工若在一定时期内离职需将股权按一定价格交还公司。然而，由于限制性股票激励计划会带来股权的不确定性，2008年3月，富安娜向证监会申请IPO后，为配合上市的硬性要求，终止了《限制性股票激励计划》，并将所有限制性股票转换为无限制性的普通股票，这就意味着，员工将直接持有公司股票，并可以自由买卖交易。

　　与此同时，富安娜与持有原始股的余松恩、周西川、陈瑾、吴滔、曹琳等员工协商签署了《承诺函》。双方在《承诺函》中约定：持有原始股的员工"自承诺函签署日至公司上市之日起三年内，不以书面的形式向公司提出辞职、不连续旷工超过七日、不发生侵占公司资产并导致公司利益受损的行为"，员工若违反了上述承诺，自愿承担对公司的违约责任，并向公司支付相应的违约金。

富安娜《承诺函》（2008年3月20日）

　　鉴于本人在公司任职，且是以优惠的条件获得上述股份，本人在此自愿向公司承诺：

　　（1）自本承诺函签署日至公司申请首次公开发行A股并上市之

日起三年内，本人不以书面的形式向公司提出辞职、不连续旷工超过七日、不发生侵占公司资产并导致公司利益受损的行为、不发生收受商业贿赂并导致公司利益受损的行为；

（2）若发生上述违反承诺的情形，本人自愿承担对公司的违约责任并向公司支付违约金，违约金＝（本人持有的公司股票在证券市场可以公开出售之日的收盘价－本人发生上述违反承诺的情形之日的上一年度的公司经审计的每股净资产）×（本承诺函签署日本人持有的股份＋本人持有的公司股票在证券市场可以公开出售之日前赠送的红股）；

本承诺函自签署之日生效。

但在2008年7月至2009年9月间，26位非创业股东在持有富安娜原始股的情况下，陆续向富安娜提出了辞职申请，并转至富安娜主要竞争对手之一的水星家纺任职，如富安娜前销售副总余松恩，先后带领陈谨、周西川、屈景晨、常明玉、孟蓉蓉等6名高管跳槽，后余松恩出任水星家纺副总裁，周西川出任水星家纺渠道总监。这一重大人事变故为其后的"天价股权激励纠纷"点燃了引线。

2009年12月30日，富安娜在深交所上市敲钟，上市首日，富安娜股票收盘价就达到了40.59元，这"惊险的一跳"转眼间让26名离职股东人均身价倍增至320万元，只待三年后的2012年12月30日限售期满，这些纸面财富即可兑现为真金白银。

就在解禁前4天，即2012年12月26日，富安娜方面对余松恩、周西川、陈谨、吴滔、曹琳等26名自然人股东就《承诺函》违约纠纷一事，向南山区人民法院提起了民事诉讼，要求法院判令各名被告分别赔偿违约金，累计达 8121.67 万元。

富安娜方宣称，公司提起诉讼的目的是希望借助法律手段，对部分不负责任的高管离职和部分职业经理人缺乏职业操守与商业伦理的行为予以约束。深圳市南山区人民法院及时受理了富安娜的起诉，并对 26 位被告股东发出股票账户冻结及执行通知。

这宗被告多达 26 人的系列案件，因含有上市公司向前高管及业务骨干索赔天价的"噱头"，受到资本市场和社会各界的高度关注，而该笔违约金在当时亦被称为"A 股史上最贵违约金"。

万众瞩目的天价索赔

南山法院接到上述案件后，对每个被告都单独立了案，此后，法院在一年多的时间里分别对各被告进行了调解或审理，4 名被告经调解与富安娜达成了协议，如数支付了违约金，另有 2 名被告在一审判决被判赔偿后放弃了上诉，其余的个案被告方均提出了上诉。从此，富安娜股权激励案演变成旷日持久的拉锯战。

富安娜案件有两个焦点，焦点之一在于，本案件究竟应该适用什么法律？从法律角度看，劳动争议纠纷受劳动法调整，必须劳动仲裁前置，而员工持股纠纷受《公司法》等民商事法律调整。如何认定本纠纷案的性质以及其适用法律，直接决定了纠纷的最终处理结果。

焦点之二在于，富安娜与原始股东所签署的承诺函是否具备法律效力？我国《劳动合同法》明确规定，只有在"违反服务期约定"、"违反竞业限制约定"的情况下，劳动者才需要向用人单位支付违约金，而且违约金金额也受到相应限制。

2013 年 3 月以来，以周西川为首的被告股东纷纷提出异议，称承诺函是在富安娜威吓胁迫之下签订的，不论作为原职工或股东，富安娜的赔偿主张均不能成立。有的被告则坚称自己从未签署过承诺函。还有被告认为，此案属于劳动争议纠纷，对该案的管辖权存在质疑，因此请求法院驳回富安娜的起诉。

2013 年 4 月 15 日，南山法院下达民事裁定书，驳回了所有被告人提出的管辖权异议诉求，被告方则迅速向深圳中院提起上诉。随后，深圳中院作出终审裁定：上诉理由不能成立，驳回被告方上诉。终审裁定指出，该案系合同纠纷，依法应由被告住所地或合同履行地人民法院管辖，并确认本次裁定为终审裁定。

针对各被告不服一审判决而提起的上诉，深圳中院作出如下详解：富安娜限制性股票激励计划没有违反相关法律强制性规定，因此合法有效；富安娜公司股票激励计划有利于增强公司经营团队的稳定性和工作积极性，也有利于增进公司与股东的利益；该股票激励计划终止后，富安娜采用了与激励对象签订《承诺函》的方式，以便继续对激励对象的行为进行约束，体现出激励与约束相结合的原则；《承诺函》对于提前辞职的激励对象所能获得的股份投资收益作出了明确限制，没有违反公平原则，也是合法有效的。

深圳中院据此认为，各被告因在富安娜上市后三年内离职，启动了《承诺函》中约定的对其股份收益进行限制的条件，因此，各被告应该按照约定返还富安娜被限制的部分收益。至此，包括庭外和解的 3 名被告承担支付的 619 万元在内，富安娜获赔金额累计超过 4000 万元人民币。

富安娜董秘胡振超在接受媒体采访时表示，许多企业都因为上市前的股权激励而产生了纠纷，但通常都是不了了之，而富安娜却要站出来，用法律的武器维护自身权益，并赢得官司，富安娜希望这个案件能给业界起到示范的作用。

富安娜代表律师张文则认为，富安娜股权激励索赔案是一次有价值的探索，这个案例证明，签署承诺函确实可以保证企业与高管双方的权利与义务，他预计，未来还将有更多的上市公司效仿富安娜的行为。

如今，富安娜案件已经和雪莱特案件一样，成了国内股权激励的典型样本，而其给市场和业界带来的反思与警醒意义，已经远远超过了案件本身的诉求。

激励制度完备方能杜绝纠纷

富安娜事件虽然引起了极大反响，但却绝非个案。在我国，实施股权激励的上市公司数量逐年上升，尤其近年来更是持续大幅增长。然而，与股权激励大受欢迎相对应的，则是屡见不鲜的高管离职现象。据 Wind 统计，今年以来，沪市深市已有 1820 位上市公司高管离职，涉及上市公司累计超过 1000 家，占全部上市公司比例接近三分之一。在这其中，因换届而正常离职的高管只占半数。

研究证明，实施股权激励的确能够有效减少公司高管流动的频率，但同时也会加剧高管离职或套现的现象。因此，只有制定一套行之有效的股权激励机制，才能真正惠及上市公司和优秀的职业经理人。

在富安娜事件中，正是由于股权激励制度上的不合理，才导致后续纠纷的发生，并因此引发投资者对于富安娜的怀疑与负面揣测，无形中影响了富安娜的企业形象。具体而言，富安娜的股权激励主要存在以下问题。

首先，富安娜的股权激励在对象选择上存在问题。

股权激励不能因为追求短期效应盲目推行，而应在对员工进行科学公正评价的基础上，选择有价值有潜力的员工作为股权激励对象。选择出合适的激励对象之后，一方面要预估推出的股权激励可能对该激励对象产生的激励效果，另一方面，还需要避免在股权激励完成后发生员工离职套现的情况。

以富安娜第一期限制性股票激励计划为例，草案设计时，主要激励对象是刚上任的高管肖一九和黄宝华。当时尚不能确定这两人是否能为公司带来价值，富安娜就盲目对其进行了激励，结果，草案公布第二天，两名高管就离职了。而此后与富安娜对簿公堂的余松恩、周西川等人，更是证明了富安娜在激励对象选择上存在漏洞。其次，富安娜的股权激励计划缺乏科学有效的退出机制。

股权激励能否达到效果，需要实施企业制定出一套完整的股权激励方案，真正解决好激励对象从"进入"到"退出"整个过程中可能出现的问题，让激励对象无后顾之忧，且无漏洞可找，这才可能达到预期的激励目标。

相比进入机制，股权激励方案中的退出机制同样重要。如果缺乏有效的退出机制，股权激励的兑现就会失去保障，股权激励计划本身也就失去了原有的吸引力，进而影响股权激励对留住优秀人才所发挥的作用。

在富安娜案例中，我们发现，富安娜并没有在股权激励计划中制定完善的退出机制，而当员工离职后，富安娜虽然与员工签署了承诺函，但其中并没有明确地规定之前所享受的由激励计划带来的权益如何终止，从而导致了此次诉讼案件。

因此，有效完备且条款清晰的退出机制，无论是对公司还是对激励对象来说都很重要，不仅有助于预先从机制层面增强股权激励的有效性，同时还能减少企业与员工之间的摩擦成本，降低纠纷产生的概率，是对双方利益的一种共同保护。

最后，富安娜对于股权激励的实施风险预估不足。

对企业来说，股权激励的确有很高的实施价值，但同时也意味着一定的风险，比如股权可能被稀释、公司与员工可能出现矛盾纠纷导致公司利益受损等。富安娜在实施股权激励之前缺乏对风险的预判，导致没有重视退出机制的设置，而在纠纷发生之后，富安娜也缺乏风险管控意识，没有与前员工进行有效沟通与协调，最终双方对簿公堂，不仅一定程度上影响了富安娜的社会形象，也打扰了企业的正常发展进程。富安娜未来应以此为戒，提高对股权激励的全面认识与操作能力，杜绝类似纠纷事情发生，真正使企业步入良性发展的轨道。

专家点评

以限制形式降低激励纠纷损失

※ 前海股权事务所、中力知识科技认为，在富安娜股权纠纷案中，主要存在以下几方面问题：

1. 员工离职后，之前所享受的由激励计划带来的权益如何中止？关于这个问题，在富安娜与员工签署的承诺函中并没有明确的规定，从而导致了此次诉讼案件。

2. 在富安娜第一期限制性股票激励计划中，原本针对高管进行的股权激励，因为上市股改的因素转为了实股模式，又在公司上市后引发了矛盾纠纷，从中我们可以看出，富安娜在设计股权激励阶段时，对激励对象的选择很不适当。

3. 富安娜针对核心员工与高层，实施了股权激励，但因公司受益的员工仍违反协议，选择了富安娜的同行竞争对手处发展，由此可见，富安娜的股权激励并没有真正达到留人的目的。富安娜事件值得资本市场好好反思一个问题：除了用钱留住人才，企业还有什么方法能够让员工心动，并愿意留下来与企业一起长期奋斗？

※ 针对上述问题，前海股权事务所、中力知识科技建议：

1. 富安娜针对高管的股权激励可以另外增加一份具体针对员工处置办法的协议，如果有员工退出公司，富安娜可根据协议指定大股东原价或溢价回购该离职员工的股权，如此便可有效地避免本文所述事件的产生。

2. 针对高管的股权激励，在激励对象的选择上，一定要以德才兼备、以德为先作为标准，不能长期并肩作战、共创事业的员工，应该避免采用直接的实股激励，而应选择短期的利润或是虚拟股票等方式进行激励。

3. 对于本身已经实现了财富自由的行业精英，企业除了用股权激励的手段留人之外，更重要的是为对方提供一个干大事业的平台，让其有发挥与发展的机会，用事业理想来实现留人的目的。

※ 知识点提炼：

1. 针对高管的股权激励方案中，必备要素（包括人、量、价、行权条件与锁定、退出等）一定要齐全、完整，相关的转让程序与签署文件也要规范，并做好档案管理工作。

2. 对于已实现财富自由的员工，股权激励的吸引力没那么大，效果也会下降，因此，针对高管的股权激励，一定要注意选择适当的对象，根据对象的不同，分别选择不同的激励模式，或是采取不同激励模式的组合，这样才能有效达到留人与激励的目的。

第五章

互联网公司的股权斗争

第一节 汽车之家：

管理层和资本方较量争夺控股权

　　汽车之家创始人李想早在 2008 年的时候，为了融资不惜以大量股份交换资金，把自己变成小股东。不仅如此，外聘"空降"来的 CEO 秦致也是小股东。尽管秦致在汽车之家由小变大直至上市的过程中功不可没，但在公司里始终无法获得控制权。

　　为了能掌控公司的经营和管理，秦致联系了几家投资机构意图从大股东手里收购股份，无奈大股东已经把橄榄球抛向资金实力雄厚的平安保险。在资本面前，汽车之家的管理层始终是弱势群体。

对立大股东："空降"CEO 的"MBO"之梦

　　汽车之家的创始人李想早在 1998 年还在上高中的时候就开始做个人网站。2000 年注册泡泡网并开始第一次创业。2005 年带领团队从 IT 产品向汽车行业扩张，创建汽车之家网站，目标是让所有买车和喜欢车的人都喜欢上汽车之家。

那时汽车之家的收入在同行里排名靠后，李想想找人来帮自己运作，经人介绍他认识了秦致。和李想相比，秦致的履历很漂亮，他中学毕业于北京四中，然后考入清华大学，工作后进入 IBM，随后又在哈佛商学院攻读 MBA，在华尔街加入了麦肯锡。

秦致加入汽车之家的时候，网站还处于非常弱小的时期，办公环境简陋，20 多号人拥挤在一间并不宽敞的办公室里。秦致发现汽车之家的推广做得很差，他上任的第一件事就是做推广，把之前的依靠口碑推广变成依靠流量推广。他发现网址导航站即将占领浏览器首页的趋势，于是汽车之家变成第一家与此类网站展开合作的汽车网站。

秦致的第二件事就是组建销售团队。汽车之家的产品雏形始于李想创办的泡泡网所设的汽车频道，秦致到汽车之家时只有一个相对独立的编辑团队，技术、销售等部门都与泡泡网捆绑在一起运作。当时这个为两个网站共用的销售团队顶多只有 3 个人。至于当时的销售业绩，最少的时候一个月进账还不到 1 万元。平均下来每月收入也不过三五万元。

2007 年 8 月，汽车之家成立了独立的营销中心，不到半年时间创造了 790 万元的营收，而网站流量变现在 2008 年 2 月突破了 2000 万元。

有了快速增长的业绩，引进风险投资成为当务之急。李想挑选了很多家都不理想，到 2008 年的时候，情况急转直下，李想感觉到那些正在谈的风险投资明显对自己冷淡，往往是快要签协议时就变卦。这使得团队成员变得困惑迷茫，他们看不到汽车之家的发展前途，有一次员工闹离职，20 多人的团队一下走了一半。无可奈何之下，李想接受了澳洲电讯的注资。

澳洲电讯是澳大利亚联邦最大的国企。2008 年，澳洲电讯作为战略投资者，按上市的标准和发行价对汽车之家进行投资，以7600万美金换取了55%的股份。那时，汽车之家的估值不到1.5亿美金。之后的几年，澳洲电讯并没有在汽车之家的业绩上作出什么贡献，却一直没有停止过增持。2012年，在汽车之家临近上市前夕，澳洲电讯追加3700万美元将其持股比例提升至71.5%。2013年12月11日，汽车之家在纽交所上市。那时候李想的股权已经被稀释到5.3%，秦致只有3.2%。

到2014年，李想的持股比例继续下降，仅占3.4%，作为公司总裁，他的工作要向作为CEO的秦致汇报。

随着持股比例被不断稀释，李想的离开，只是时间问题。其实李想作为连续创业者，其心思主要在第三次创业上，他早就想离开，但秦致希望他留下来见证公司上市，见证公司做到几十亿美元的时刻。

表5-1-1 汽车之家上市前后澳洲电讯和李想、秦致股权变化比较表

年份	澳洲电讯	李想	秦致
2008	55%	< 10%	< 5%
2012	71.5%	< 10%	< 5%
2013		5.3%	3.2%
2014		3.4%	< 3%

到2015年6月12日，汽车之家官方正式宣布，李想卸任汽车之家总裁一职，仅保留汽车之家董事、股东身份。同一天，汽车之家市值49.5亿美金，与当初卖给澳洲电讯时的1.5亿美金形成了鲜明对比。在外人眼中，李想是头顶着"50亿美金"的光环离开的。对于这样的业绩，许多人都在替李想遗憾，2008年引进澳洲电讯的时候，怎么没有预期到汽车之家未来的估值？

对于这个问题，李想表示，最初做汽车之家只是出于兴趣，2008年

公司缺钱，一心想融到资金，对控股权没有太在意。感觉既能引得资金又能给点股份还允许上市是件挺"值"的事。李想表示在汽车之家的遗憾只能变成经验，在他第三次创业的公司"车和家"就知道要保持控股权了，即便经过三四轮的融资也要保持控股权。

表 5-1-2 商业模式和人力资本关系表

商业模式驱动类型	代表性行业	股权分配的一般规律
资源驱动型	政府垄断性行业，如水电气行业	资源占大股、人力占小股
资金驱动型	私募股权基金	资金占大股、人力占小股
资源、资金驱动型	星级旅游景区、有色金属等	资源资金占大股、人力占小股
人才驱动型	互联网、法务等专业服务	人力占大股

作为创始人的李想因为想在第三次创业上圆梦，所以对在汽车之家失去控股权没有太大的遗憾，而作为职业经理人的秦致则不同，汽车之家可以算是他一手养大的孩子。澳洲电讯作为投资者，其最终目的就是逐利。按照秦致的说法，澳洲电讯上市前处处配合，凡事好办，上市后资本露出了真面目，在投资汽车之家四五年之后，是获取回报的时候了。

当初在上市前，秦致想通过一些手段增加股份，变小股东为大股东未果，即便如此，还是一心把业绩做好，把企业做大，并把它做上市。明知企业上市是在为他人做嫁妆，也在所不惜。

作为经营者的秦致和作为大股东的澳洲电讯之间角度不同，他们的矛盾，可以看作是理想情怀和资本逐利之间的矛盾，这种矛盾是不可调和的。正因为如此，秦致想搏一把。他在创始人李想无可奈何离职而去的情况下，联系了几家投资商试图搞"MBO"，把控股权掌握在自己的手里，以免被大股东牵着鼻子走，在经营管理上处处被动。这样，大股东澳洲电讯和

CEO 秦致双方,随着各自的意愿不断增强,双方的矛盾日益加深,难以调和。

并购换血:股权埋隐患

职业经理人尽管掌握着公司运营权,但在资本大鳄面前,则成为弱势群体。例如王石作为万科创始人,在"门口的野蛮人"面前,就显得很脆弱,与强大的资本正面交锋,任何理想情怀都败下阵来。

汽车之家上演了相同的一幕。不同的是,作为创始人的李想已经撤离退隐,作为职业经理人的秦致不甘心,于是奋起抗击。

事实上,澳洲电讯早就想退出汽车之家。它曾在 2014 年 3 月到 2015 年 3 月之间大笔减持过汽车之家股份,总共减持比例约为 10%,套现了数亿美元的现金。

澳洲电讯的表现更像个财务投资者。汽车之家并非澳洲电讯在中国减持套现的第一家公司。2006 年 7 月,澳洲电讯以 2.54 亿美元收购搜房网 51% 的股份。到 2011 年,搜房网登陆纽交所,其 IPO 通过澳洲电讯售卖所持股份来完成。搜房网 IPO 后,其创始人成为第一大股东,而澳洲电讯则全面退出,回收 4.33 亿美元,利润高达 1.9 亿美元。

问题出现在 2015 年,随着美股持续走低,汽车之家的股价也大受影响,这使得澳洲电讯暂时放弃了减持的想法。从那时起,澳洲电讯一直和各大基金、机构保持着接洽。

与此同时,以秦致为首的汽车之家管理层也在联络资本机构,以募集资金从澳洲电讯手里购买股份,争夺控股权。双方仿佛是在赛跑,谁跑在前头谁就赢。

秦致牵头的是博裕、红杉、高瓴等几家资本机构,拟以每股 31.5 美元的价格收购澳洲电讯手里的股份然而，2016年4月15日，澳洲电讯却突然宣布，将以16亿美元出让汽车之家47.7%的股权给中国平安，中国平安的报价只是每股29.55美元。

对于澳洲电讯来说，选择中国平安最大的好处，就是中国平安资金雄厚，比汽车之家管理层能更快筹到资金。

中国平安的来袭，让汽车之家管理层感到措手不及，其酝酿很久的私有化计划面临挑战，利益受到最大损害的是持股不足3%的秦致。作为职业经理人，一旦中国平安入主汽车之家，管理层必然会换血，他的CEO职务极有可能不保。

为此，秦致采取了一系列阻挡措施。先是向美国证监会递交材料，举报澳洲电讯和平安信托就汽车之家股权转让程序涉嫌违反美国萨班斯法案。但关注此事的资深法律人士表示，澳洲电讯和平安的股权协议已经通过汽车之家董事会审核，并在美国证监会登记，整个流程合规，美国证监会不会受理此类举报，整个股权交易也不会受影响。此事不过是秦致释放的"烟幕弹"，试图搅局阻止这次交易。媒体曝光这事，表明秦致与大股东之间濒临决裂。

秦致不断通过媒体曝光澳洲电讯为逐利而不顾一切的举措，令大股东澳洲电讯恼羞成怒，进一步激化矛盾。

关于究竟谁来做汽车之家未来的新主人，支持管理层的人认为，秦致虽不是汽车之家的创始人，但汽车之家算是他一手带大的孩子，他比较熟悉这个孩子的习性，由他继续经营能够把汽车之家带上新的台阶。

支持平安信托的人认为，平安信托入主后对汽车之家的发展有三点好处：第一，资金支持，平安信托能给汽车之家提供资金，支持其发展；第二，资源扶持，平安信托在汽车保险、养护、维修、配件、租赁、二手车、新车电商等多个领域都有涉及，未来一旦汽车之家纳入平安信托的产业链，将有不可估量的发展；第三，产业升级，有助于汽车之家很快从汽车资讯平台升级为汽车交易平台，汽车产业最终的指向是金融，平安集团将会把"互联网＋金融"的发展模式向其开放，打造更加强大的服务平台。

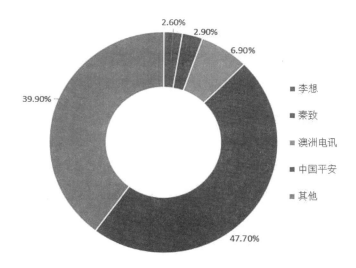

图 5-1-1 平安信托入主汽车之家后股权结构图

在强大的资本方面前，作为小股东的管理层已束手无策，只有等待"下课"的命运。2016 年 6 月 26 日，秦致发内部邮件表示，已经离开汽车之家临时董事局。

胳膊拧不过大腿的"控制权"争夺！

※ 前海股权事务所、中力知识科技认为，汽车之家创始人李想失去公司控制权的原因在于：

1. 用股份换资金，创始人资本意识薄弱创业初期股权埋隐患；
2. 公司治理失控，丧失控制权，管理层被迫离开而黯然收场。

※ 针对上述问题，前海股权事务所、中力知识科技建议：

在企业的发展过程中，创始人或实际控制人可能会更专注业务或产品，而忽略了公司治理设计，尤其是股权控制权，大多是通过口头协议、友情关系等进行相互约束。但随着公司的发展壮大，很容易发生利益冲突或者不一致的情形，这是往往决定公司前途和命运的严峻时刻。

因此凡事需防患于未然，在企业创立之初，就需要考虑股权控制权问题，包括设定合理的股权结构，必须设定准入、退出、回购、对赌和股份反稀释等机制，避免后续产生不必要的风险。在开展股权融资或股权激励时，创始人或控制人也应当谨慎地释放股权比例，注意把握融资或股权分配的节奏。

※ 知识点提炼：

公司创始人的持股一般包括以下几种：（1）绝对控制权67%，相当于100%的权力，拥有修改公司章程，分立、合并、变更主营项目、重大决策等权利；（2）相对控制权51%，拥有对公司的控制权，相对控制公司；（3）安全控制权34%，拥有对公司的一票否决权；（4）30%上市公司要约收购线；（5）20%重大同业竞争警示线；（6）临时会议权10%，可提出质询/调查/起诉/清算/解散公司；（7）5%重大股权变动警示线；（8）临时提案权3%，提前开小会；（9）代位诉讼权1%，亦称派生诉讼权，可以间接的调查和起诉权（提起监事会或董事局调查）。

※ 典型案例

马云仅持有阿里7%的股权，他是如何用7%的股权控制整个阿里呢？

第一，合伙人制度。

2013年，马云正式宣布合伙人制度，强调合伙人的价值观和文化认同。尽管马云称："我们建立的不是一个利益集团，更不是为了更好地控制这家公司的权力机构，而是企业内在的动力机制。"但是，阿里要求合伙人必须持有公司一定股份，合伙人要在60岁时退休或在离开阿里巴巴时退出合伙人（永久合伙人除外），而永久合伙人只有马云和蔡崇信。

同时，要想选举新合伙人，需全部合伙人75%投票支持，而罢免合伙人需51%的投票支持。实际上，通过合伙人会议的各种设计，马云、蔡崇信等创始合伙人将公司的核心控制权集中在手中，只是更为隐蔽，也可说是巧妙。

第二，采取AB股的二元股权架构。

即公司创始人和高管持B类股票，投资人持A类股票，B类股票每股表决权等于A类股票10股的表决权。马云及管理层合计表决权约为63%。当时港交所不认同AB股架构，认为阿里管理层通过合伙人制度控制公司，违反同股同权原则，对本想在香港上市的阿里巴巴说"不"。阿里巴巴为控制权不愿放弃合伙人制度，遂赴美上市。但目前港股已经放开了这个限制，小米已经成为第一个使用AB股二元股权架构的赴港上市公司。

第三，董事提名权。

合伙人会议的主要权利体现在董事候选人的提名权上，不是按持股比例分配的。首先，提名董事权写入章程，并控制修改章程的表决权。阿里合伙人拥有提名 50% 以上董事候选人的专有权，这是写入公司章程的，而要想修改章程中关于合伙人提名权的条款，必须在股东大会上得到 95% 的到场股东或委托投票股东的同意。而马云一人就持股 8.9%，即使在 IPO 后，永久合伙人马云、蔡崇信仍分别持有阿里 7.8%、3.2% 的股份，阿里巴巴合伙人团队的"董事提名权"牢不可破。其次，提名不通过，有权指定临时董事。虽然是合伙人提名的董事，但仍需得到年度股东大会半数以上的赞同票，才能当选；但如果未当选或当选后因任何原因离开董事局，则阿里合伙人有权指定临时过渡董事来填补空缺，直到下届年度股东大会召开。

也即是说，合伙人提名的董事，不论股东会是否同意，合伙人总能让自己提名的人行使董事的权利。其已实际控制公司半数以上的董事。

第四，一致行动人协议和投票权委托。

软银、雅虎和中投与阿里达成一致协议，在将来董事的投票中，基本上会支持阿里合伙人团队。软银和雅虎还将在股东大会上为阿里巴巴所提名的董事投赞成票。有限合伙公司是马云股权设计的重心，普通合伙人＋特殊合伙人＋有限合伙企业构成有限合伙股东，法律特色是，具有天然法定股东代表，执行合伙人做决定，其他人只有分股权，有限合伙是很好的持股平台。

第二节 摩拜单车：

股权投资中谁是赢家

从 2015 年起，在出行工具领域刮起一阵旋风，带着典型特征橙色的膜拜单车随处可见，随处可用，人们惊喜地发现它提供的方便是超出预期的。

因为要达到随处可见、随处可取且无人监管的要求，摩拜单车在制作上要求是很高的，完全颠覆了传统模式的单车。因为制作成本高，且投放量大，使得摩拜单车时常陷于资金困境中，解决办法就是融资。

因为项目好，不到两年的时间，摩拜就融到 1 亿美元。所谓资本为王，在成就新商业模式的同时，也意味着创业者的股份在不断被稀释，越来越不掌握话语权。最终，在美团并购摩拜的同时，摩拜创始人也只能无奈出局。

共享单车背后的资本赛跑

摩拜单车的创始人胡玮炜出生于商业气息浓厚的浙江东阳。她曾是名汽车记者，后去极客公园做科技报道。那时她感到汽车行业会有很大的变化，在极客公园老板的支持下，她辞职创办了一个叫极客汽车的科技新媒体。

2014 年，她在一个偶然的机会得知，未来的个性出行工具会掀起一股革新的潮流。刚好这时候蔚来汽车公司的董事长李斌问她有没有想要做共享出行项目，她听后感到这件事很有挑战性，但做好的话，其市场不可估量。她想了想就说很想做这件事，李斌就成了这个项目的天使投资人。

从 2014 年底开始酝酿到 2015 年初注册公司，短短两年的时间里，胡玮炜寻找商业模式、跟投资商打交道、成立摩拜自行车生产厂，付出了很大的精力。

从整体上看，这个项目非常简洁，就是一个随时随地可以取用的自行车项目。但要达到这个目的并不是那么容易，它包括对自行车的管理，即几大块项目的启动：要做一个独立的 App；要自行设计一辆独特的自行车；要开发智能锁和后台智能锁的运营系统；要有一个区域化的运营模式和队伍。每一块都有着高科技的含量，和传统经济表现出明显的不同，都没有现成的模式照搬，都要依靠想象力来完成。

这样，2014 年底，胡玮炜的创业难题很快就来了。胡玮炜对摩拜自行车的构想是：要保证"随处可取"的单车从刹车、车架到座椅弹簧都不会在日晒雨淋里出现任何部件的损坏、蚀锈，轮胎不用打气和补胎，车链子不会掉。更重要的是，这款车还要考虑防盗的问题，所以必须要有定位，后台随时找得到车。为了定位，就必须开发一种智能锁，锁里面要放一个和手机里一样的 SIM 卡，还要加 GPS。然后智能锁还得加一个自动开锁功能，不是人工开锁，这样这个锁就必须要有供电，为了要有电，就得发明并设计一个人力脚踩发电机。而且为了降低后期的维护成本，把以后的困难放在现在来解决，要保证这个车四年不坏，最好还不维修。

如此一来，造车的一次性成本就非常高，研发周期就很长，单是一个智能锁就做了八代。请来的设计师们因"搞不定"离开了，胡玮炜显得很孤独，但她还是坚持陆续请了很多设计师进行设计。直到 2015 年夏天，第一款手工打磨拼合而成的摩拜单车模型终于问世。

这个项目从诞生第一天起就贴上了理想主义、英雄主义的标签，而等到推向市场，更是险象环生，问题多多。真正印证了"理想很丰满，现实很骨感"这句话。

为了占领市场份额，每到一个城市，都是批量投放，这样就必须解决和政府关系的问题，否则会被城管当成影响市容市貌而收走。批量投放还意味着批量生产，这样公司很快就陷入资金困境。

为了维持企业的正常运转，李斌不断给胡玮炜引进风险投资。2015年3月至2017年初，短短一年多的时间，摩拜单车就融资6轮，从最初的数百万元人民币到后面的数千万美元乃至最后一次的2亿多美元，摩拜融资速度之快、数额之大令人瞠目。让人们看到在一种新的商业模式下，资本如影随形。

表 5-2-1 摩拜单车历史融资记录

时间	融资轮次	融资金额	投资方
2015.03.01	天使轮	146 万元人民币	李斌
2015.10.30	A 轮	300 万美元	JOYCapital 愉悦资本、刘二海
2016.08.19	B 轮	数千万美元	熊猫资本、JOYCapital 愉悦资本、创新工场
2016.08.30	B+ 轮	数千万美元	祥峰投资、创新工场
2016.09.30	C 轮	1 亿美元	红杉资本、高瓴资本
2016.10.13	C+ 轮	近 1 亿美元	高瓴资本、华平资本、腾讯、红杉资本、启明创投、贝塔斯曼
2017.01.04	D 轮	2.15 亿美元	腾讯、华平投资、携程、华住酒店集团、德太资本、红杉资本、启明创投、愉悦资本
2017.01.23	战略投资	亿元及以上美元	富士康
2017.06.16	E 轮	超过 6 亿以上美元	腾讯领投、工银国际、交银国际、TPG、FarallonCapital、高瓴资本
2018.04.04	收购	37 亿美金	美团点评

风险投资对一个新兴行业如此"疯狂"跟进，引来业界议论纷纷，有人质疑这是不是玩"击鼓传花"的游戏，最终谁会成为赢家？业界更多的担心是，摩拜引入如此多的风险投资，股权结构错综复杂，各方对利益的获得和退出的方式都有不同要求，平衡各方利益会成为摩拜下一步发展的难题。还有就是创始团队的持股问题，尽管在第一轮天使投资时保持了三十几的百分点，但几轮下来，创始人胡玮炜的股份已经越来越稀少。所以，对摩拜单车人们最大的关注点是，未来摩拜的控制权将会掌握在谁的手里？

当资本的作用大过创业团队

外界的质疑和疑问很快有了答案。

2018 年 4 月 3 日，摩拜召开股东会议，表决通过了美团收购案。美团以 35% 的股权、65% 的现金合 27 亿元人民币全资收购摩拜单车，其中 3.2 亿美元作为未来流动性补充，A、B 轮投资人及创始团队以 7.5 亿美元现金出局。

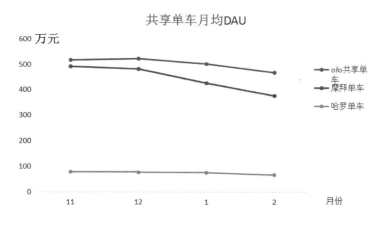

图 5-2-1 美团收购摩拜后共享单车三巨头日活跃用户数量对比

针对收购一事，摩拜创始人胡玮炜 4 月 4 日凌晨发朋友圈表示："大家都喜欢戏剧性，然而我更愿意积极看待一切。谢谢所有人把我们捧到改变世界的高度，也谢谢大家对摩拜的重新审视。并不存在所谓的'出局'，在我看来一切是新的开始。"

摩拜是李开复的创新工场孵化的一个项目，这个项目最大的特点就是"创新"。尽管这个项目在投放市场后，看来并不十分完美，但如果有实力雄厚的资本方"接盘"，通过整合资源，比依靠创始团队单打独斗更容易运作并产生效益。

与 OFO 采用低成本造车 + 改造共享单车的运作模式来迅速铺开单车的密度不同，摩拜单车因为造价高，投入成本明显高得多。摩拜想要达到同 OFO 同样的效果，需要付出更高的代价，而更高的代价意味着需要更多的资本支持。也就是说，融资似乎成了"高举高打"的摩拜的必需，要想扩大用户群，必须借助风投。因此，借助"风投"似乎已经成为摩拜商业模式的要素之一。

摩拜在经过了多轮融资以后已巩固了共享单车市场第一名的地位，但拿到融资后的摩拜依然选择了大量造车，大量投放市场，因为共享单车行业拥有广阔的市场。但单车行业面临的不确定因素过多，例如季节性因素对单车使用率的影响、不同地域的政府主管部门对单车管理方式和容忍度的差异等，再加上单车行业门槛低，任何只开展共享单车单一业务的企业，如果没有外部资本的持续"输血"，难以长久维持。再从收购方美团的角度看，美团已经解决了"去哪里"、"吃什么"、"玩什么"的问题，现在要解决的是"怎么去"，摩拜恰好弥补了这一欠缺。

假如这个项目不是通过用股权投资的方式来获得资金，而是用贷款的方式，光是利息就会把摩拜压得喘不过气。起源于资本又回归资本。借助资本，短短四年时间，胡玮炜及其团队打造了一个有价值的项目，把一个初创企业从 0 做到了百亿估值，实现从 0 位数暴增到 11 位数的逆袭。随着资本对公司发展的作用越来越大，胡玮炜团队完成了其历史使命，退出了亲手打造的公司。

专家点评

新商业模式下的资本追逐游戏

※ 前海股权事务所、中力知识科技认为，摩拜单车被美团收购的原因在于：

1. 共享经济的本质是连接社会闲置资源与用户，使其充分发挥出闲置价值，而摩拜为代表的单车公司则是向用户出租自家的自行车，这和共享经济是完全两个概念，严格来说，摩拜应该是属于一种 B2C 自行车分时租赁模式，并非真正的共享单车。而摩拜至今也没有可行的盈利模式，这种商业模式是难以延续下去的，唯有在大量资本融资（持续烧钱）的支撑下，摩拜尚可勉强维持，除非进行商业模式的重构与优化；

2. 摩拜单车早已欠下供应商约 10 亿元人民币，挪用用户押金 60 亿元人民币，债务总额合计超过 10 亿美元，即便在大股东腾讯多次输血的情况下，摩拜单车还有 10 亿美元巨额债务，虽然亏钱在互联网行业是很正常的事情，甚至诸多已上市科技公司如 Amazon、京东、爱奇艺都正在或者曾有过长期亏损，但投资者有清晰的盈利预期。然而，摩拜单车要独立发展，在可见的未来却看不到盈利预期，也没有上市的可能，甚至会面临更大财务危机。

※ 针对上述问题，从进一步完善公司治理及股权设计的角度出发，前海

股权事务所、中力知识科技提出以下建议：

一个企业既然选择了用资本帮助自己发展壮大，撬动更大的资源，也应该承受游戏规则内潜在的风险。对于创始团队来说，这自然是一件残酷的现实，资本帮助他们迅速取得了今天的成绩，但是资本希望获取利益退出却又是他们所无法回避的现实，然而摩拜的结果是即使创始团队不愿委身他人，但是由于投资机构拥有更多的投票权最终也不得不屈从于资本的意志！

"资本是助推你的，但最后你都得还回去！"（摩拜创始人胡玮炜语），其实摩拜的管理团队也一直清楚地明白这个道理，摩拜从诞生之初，就被穿上了资本的红舞鞋。此前腾讯在摩拜的持股比例约占20%，而摩拜管理团队在整个体系内没有否决权。其中一项条款是所有优先股股东的股权中超过50%，重大事项就可以生效，4月3日晚的摩拜股东会博弈就在于此。而结局是恰好刚刚超过 50%，让交易生效，摩拜团队不是没有抗争，只是拧不过资本的力量。共享单车的战事，或许从接受资本巨额投资，出让否决权的那一刻起，就已经注定了最后的结局。

当然我们希望更强大的资本力量进入，因为这意味着摩拜单车不会再有财务危机，良好的运营能力意味着摩拜单车会终结烧钱和押金模式。

※ 知识点提炼：

1.在企业顶层设计当中,商业设计、治理设计、组织规划、产融规划"四位一体"，不可或缺，尤其是商业模式设计，它需要解决的根本问题就是盈利，非盈不可，否则企业的高速发展难以为继，同时与产业链整合、并购、融资的具体规划及时间节奏需要高度匹配。

2.公司控制权设计和股权结构的预先安排，最为关键，它是公司治理内容的重中之重，摩拜在发展过程中因为需要依赖资本的支持，首先要保证企业的长远发展，那么创始团队需要保持对企业的控制权；在创业过程中如果能迅速扩大规模即使暂时亏损可以接受，但是在达到一定规模之后需要找到盈利方向，否则投资机构就会放弃支持甚至转而成为创始团队的对立者。

第三节 三六五网：
被中小股东推翻的股权激励

2014 年 6 月《关于上市公司实施员工持股计划试点的指导意见》正式发布后，仅 2014 年 12 月至 2015 年 1 月的两个月中，紧跟新政步伐发布员工持股计划的上市公司就达到 40 家之多。江苏三六五网络股份有限公司也是其中之一。

作为一家多次尝试股权激励的民营上市公司，三六五网的股权激励计划得到了多方的关注与热议，但追溯起来，其股权激励之路其实走得一波三折。与其他上市公司股权激励受挫显著不同的是，三六五网在 2013 年进行第一次股权激励时已经得到监管当局的备案，却因最后股东大会投票时遭中小股东否决而夭折。这一情形在国内上市公司中比较罕见。

三六五网的第一次股权激励计划之所以失败，主要是由于中小股东与公司大股东之间的矛盾激化所致，但这种矛盾关系并非只出现于三六五网一家公司。事实上，由于治理结构的问题，在上市公司的大股东和中小股东之间长期存在信息不对称的矛盾，在一些股权相对集中的公司里，大股东利用自身优势侵占小股东权益的现象更是屡见不鲜。三六五网第一次股权激励失败案例之所以特别，就是因为恰好将大小股东间的利益纠葛体现得十分突出鲜明。

夭折在最后一步上

三六五网成立于 2006 年 1 月，主营业务是房地产网络媒体，2013 年至 2015 连续三年入选福布斯《中国潜力企业 100 强》榜单，是目前唯一一家在国内上市的房地产网络媒体营销公司。

三六五网的主要业务分为四部分：房地产 O2O、租房 B2C、社区 O2O 和金融 P2P。房地产 O2O 就是三六五网自主开发的全渠道营销平台——365 淘房，致力于为用户提供房屋买卖和租赁信息服务；租房 B2C 就是爱租哪平台，主要提供公寓租赁管理系统；社区 O2O 是通过内部孵化和外部并购等方式拓展业务平台，致力于建设移动生活矩阵；金融 P2P 是安家贷和互联网金融小贷，致力于建设房地产细分领域的金融服务提供商。

在国内房地产市场上扬的大背景下，三六五网迅速发展壮大，并成功地在创业板 IPO。

2013 年，三六五网上市刚满一年，其主营业务——线上网络营销服务已占公司总收入的 98.58%。作为一个业界公认的"潜力股"，此时的三六五网却面临着"成长的烦恼"。

三六五网财报显示，2011—2013 年，三六五网营业额增长率和营业利润涨幅均已经出现明显下滑。房地产网络媒体的行业特征决定了，三六五网的业务不仅受到房地产的影响，也受到互联网行业的影响。

2011 年，三六五网拿到了全网 SP 牌照，抓住一个发展良机；2012 年至 2013 年，移动互联网技术迅速发展，也是三六五网布局手机 App、抢占市场的好时机。为了实现这些开拓计划，三六五网在营业收入逐年增长的同时，几乎保持着同样的研发投入增速。在此时期，下游房地产行业市场却开始出现分化，导致市场环境扑朔迷离，不确定性随之增加。各地区房地产市场落差的增加，给三六五网全国各地的分站点造成了冲击。

业绩增长压力之下，对于三六五网这种互联网营销公司来说，什么才是最重要的呢？答案必然是人。正如三六五网董事局述职报告中所写："公司最重要的资本是人，要完善公司的薪酬结构，提高管理水平。"

但令人倍感讽刺的是，三六五网技术研发人员由 2012 年的 169 名下降到 2013 年的 139 名。这意味着，在公司提高研发投入的同时，至少有 30 位研发人员流失。

数据显示，三六五网 2013 年员工总数为 1431 人，其中总裁邢炜 41 岁，副总裁凌云 40 岁，同为副总裁的章海林则是 49 岁，从管理学角度分析，这个管理层属于比较年轻的。有研究指出，公司高管所得对企业绩效的敏感程度与年龄有关，管理层年轻时是对其进行长期激励的好时机，既可保证其个人能力不会在激励期中衰退，也能激发其更大动力。高管以外，在三六五网占绝大多数的是 30 岁以下的基层员工。如果能设计出合理的激励机制，增强员工对企业的归属感，这些年轻人将有相当一部分会成为公司未来的中坚力量。

2013 年 12 月，三六五网发布公告，正式推出第一次股权激励计划。

此次股权激励采用限制性股票激励模式，采取定向发行的方式，向激励对象授予不超过 365 万股限制性股票，占计划提交股东大会审议前股本总额的 6.84%，其中，预留限制性股票 30 万股，占限制性股票总量的 8.22%。三六五网预计，施行此次股权激励后公司每年所需摊销的成本分别为 1565.60 万元、1107.65 万元和 773.45 万元。此外，本次股权激励草案将按照总股数 20%、20%、30%、30% 的比例分批次逐渐解锁，预留限制性股票在首次授予一年后开始按照 30%、35%、35% 的比例依次解锁，每个批次的解锁期也是一年。

三六五网《限制性股票激励计划（草案修订稿）》
（2014 年 3 月 22 日）

本激励计划所采用的激励形式为限制性股票，公司以定向发行的方式向激励对象授予不超过 365 万股限制性股票，占本计划提交股东大会审议前三六五网股本总额 5335 万股的 6.84%，其中预留限制性股票为 30 万股，占本计划限制性股票总量的 8.22%。

本激励计划的激励对象为公司及子公司的中高级管理人员以及一定职级以上的核心技术（业务）人员，不包括独立董事和监事。

激励对象中沈丽为公司共同实际控制人之一邢炜的妻妹，其在公司相应任职为公司财务总监。其参与激励计划须经股东大会表决通过，且股东大会对该事项进行投票表决时，关联股东须回避表决。除沈丽外，公司承诺持股 5% 以上的主要股东或实际控制人及其配偶、直系亲属未参与本激励计划。

三六五网激励计划草案通过证监会备案后，只等完成股东大会表决通过这一最后环节，即可付诸实施。按照相关政策规定，限制性股票和股票期权激励计划须占出席股东大会 2/3 席位的股东同意，方能批准通过。

2014 年 4 月 21 日，三六五网 2014 年第一次临时股东大会召开，占公司总股本 30.97% 的股东和股东代理人出席了大会。会上，包括"三六五网限制性股票激励计划（草案修订稿）"在内的四项公司议案均遭到列席股东过半数的否决。

三六五网的第一次股权激励尝试就这样夭折在最后一步上。

外部投资者为何群起而攻之

上市公司股权激励终止的原因虽然多种多样，但是，像三六五网这样在股东大会上突然被否的情况绝不常见。中小股东究竟从这份股权激励计划中解读出怎样的信息，以致激起他们的强烈反对呢？

第一，三六五网的股权激励方案解锁条件过低。

三六五网《限制性股票激励计划（草案修订稿）》
（2014 年 3 月 22 日）

解锁条件：在解锁期内，会计年度结束后进行考核，以是否达到《考核管理办法》及其细则所确定的综合绩效考核目标为激励对象是否可以进行解锁的条件。主要包括：

（1）以 2013 年净利润作为固定计算基数，2014 年、2015 年、2016 年、2017 公司净利润增长率分别达到或超过 10%、25%、45%、70%；

（2）2014 年、2015 年、2016 年、2017 年公司净资产收益率不低于 9%、9%、10%、10.5%；

（3）解锁日上一年度归属于上市公司股东的扣除非经常性损益的净利润均不得低于授予日前最近三个会计年度的平均水平且不得为负。

在三六五网首次股权激励计划的考核办法中，按照个人所在团队的任务完成度和业绩指标，团队被评为 A、B、C、D 四个档次，分别对应 100%、75%、50% 和 0% 四个解锁条件。根据考核条款，只要三六五网未来四年的净利润增长率达到 2013 年净利润水平的 10%、25%、45% 和

70%，净资产收益率达到 9%、9%、10% 和 10.5%，即可对股票进行解锁。也就是说，净利润年复合增长率只要达到 12% 就可解锁。据 2011 年至 2013 年的财报数据显示，三六五网净利润年复合增长率为 23.57%，是解锁目标的几乎两倍；而此前两年的净资产收益率也分别达到了 16.34% 和 19.01%，同样远高于 9% 和 10% 的解锁要求。

虽然三六五网的业绩确实呈回落趋势，说明其指标设计并非毫无根据，但是，作为外部投资者，绝不会乐见管理层轻而易举就能实现业绩目标，获得半价股票。

整体看来，三六五网股权激励的考核指标结构显得非常单一，所有指标全部属于财务范畴，容易被公司高管所操纵。从投资者角度看，这种针对公司管理层的个人考核很不透明，简直就像是三六五网在给自己发红包。

第二，三六五网股权激励方案的激励对象选择不合理。

在 2014 年 3 月三六五网报送的股权激励对象名单中，高级管理人员由一位变成了两位。新增的高管沈丽于当年 3 月接替了三六五网前董事长邢炜兼任的财务总监一职，而这位沈丽恰恰是邢炜的妻妹，同时，沈丽正好是在股权激励方案的草案和修改案陆续出台期间上任——这个时间点的选择很值得推敲。

三六五网《限制性股票激励计划（草案修订稿）》
（2014 年 3 月 22 日）

激励对象中沈丽为公司共同实际控制人之一邢炜的妻妹，其在公司相应任职为公司财务总监。其参与激励计划须经股东大会表决通过，且股东大会对该事项进行投票表决时，关联股东须回避表决。除沈丽外，公司承诺持股 5% 以上的主要股东或实际控制人及其配偶、直系亲属未参与本激励计划。

三六五网第一次股权激励草案中，沈丽的名字还列在核心业务（技术）人员中，而方案修改后她就可以高管身份享有 5 万股限制性股票，且这笔钱并不是源自公司营业收入，而是以变相摊薄股东权益的方式大幅折价定向增发的，再加上沈丽和邢炜的关联关系，更为中小股东对高管的怀疑增添了佐证。

第三，三六五网的股权激励触发了股东大会表决关联方回避机制。

众所周知，中小股东在表决时的话语权远不如大股东，但这次三六五网股东大会上，中小股东的意见竟能左右公司的议案通过与否，原因就在于激励对象与公司大股东之一的关系触发了股东大会表决关联方回避机制。

自 2012 年三六五网上市至 2017 年 1 月，公司共计召开了 14 次临时股东大会，这 14 次大会中，共有三次涉及了利益相关股东表决回避，但只有 2014 年 4 月的这次股东大会上出现了大股东提出的方案被中小股东否决的情况。

三六五网实际控制人为胡光辉、邢炜、章海林和李智，四人签署了一致行动人协议，是三六五网的一致行动人。此四人共计掌握了公司约 47% 的股权，其中章海林和李东为夫妻关系，沈丽则是邢炜的妻妹。算上李东、沈丽二人的股权的话，四位实际控制人已经掌握了三六五网一半的控制权。

正因为三六五网是一家股权相当集中的上市公司，大股东掌握着绝对权力，主导公司大小事务及决定，其他中小股东的意见与利益往往容易被忽视。而在这次三六五网股东大会上，由于沈丽和公司实际控制人邢炜的关联关系，再加上一致行动人协议，使得大股东的投票权被回避掉了。如果没有关联方回避制度，占比 50% 的大股东联手三成同意该方案的股东，完全可以轻松越过证监会 2/3 赞成票的要求，小股东的利益就会遭受重大的损失。

专家点评

股权激励不规范透明后果不堪设想

※ 前海股权事务所、中力知识科技认为，三六五网在实施股权激励的过程中，主要存在以下问题：

对一些股权相对集中的上市公司来说，本文所研究的对象——三六五网的案例极具警示意义。三六五网第一次股权激励过程中，公司高层究竟抱着什么样的心态制定出这份激励计划，旁人自是不得而知，但是，如果不能很好解决第一次股权激励时所出现的公司与中小股东的矛盾冲突，三六五网未来的股权激励之路依然不会平顺。

※ 针对上述问题，从进一步完善股权激励计划的角度出发，前海股权事务所、中力知识科技提出以下建议：

第一，三六五网应该建立一个多元化的考核指标体系。

从三六五网的第一次股权激励可知，单一的财务指标会给中小股东留下非常负面的猜测空间。在外部投资者看来，财务指标有极大可能被公司操纵——事实上，公司高层要想改变这些指标，的确并非不可能的事。

因此，在设计股权激励考核评定办法时，不妨将考核指标层次化和多元化。比如，解锁要求可参照个人职务层级，分成多层次考核指标，对应不同的解锁比例，不要像之前的方案那样进行"一刀切"式的处理。同时，考核体系里应该加入点击量、用户满意度、知名度等其他维度的考核指标，以增强考核体系的专业性与可信度。

第二，三六五网应该增强股权激励方案对于中小股东的透明度。

近年来，国内资本市场在对中小股东的保护机制方面大为进步，比如三六五网案例中所涉及的表决回避制度，就早已存在于证监会的各项政策规定和各上市公司股东大会的实际操作之中。但是，某些上市公司仍旧抱着"一家独大"的心态，并不重视与中小股东的沟通，也没有真正保护好他们的权益，在股权激励实施过程中，这种态度无异于自掘坟墓。

事实上，"游戏规则"越是详细，就越是能够体现出上市公司的诚意，这些规则若还能做到对外部投资者透明公开并使之有充分参与的机会，外部投资者就可加入对公司的监督中，不仅能减少公司高层"监守自盗"的几率，同时也能更好地维护公司与股东们的权益，在此过程中，外部投资者与公司及高管层之间的互信也就自然而然地形成了。所以，三六五网今后应该以"公正"和"诚意"为出发点，与中小股东进行良好的沟通，制定合理的考核规则，股权激励的实施就会顺利很多。

※ 知识点提炼：

表决权回避制度是指当一股东与股东大会讨论的决议事项有特别的利害关系时，该股东或代理人均不得就其持有的股份行使表决权的制度。从法律法规层面看，关联股东对关联交易的回避表决规定较多。如《上市公司章程指引》第79条规定，"股东大会审议有关关联交易事项时，关联股东不应当参与投票表决，其所代表的有表决权的股份数不计入有效表决总数；股东大会决议的公告应当充分披露非关联股东的表决情况"。

第六章

激励方案使得股东利益受损

第一节 九阳股份：

信息不对称，股权激励惹争议

民营上市公司遭遇外部市场的巨大竞争压力，常常处于危机之中，经营业绩波动大。民企要生存和发展，一方面需要不断根据市场的变化调整战略部署，实行差异化的经营策略，另一方面可以通过股权激励让团队个人利益和公司利益捆绑起来，积极调动自身潜力为公司发展服务。

九阳的第一次股权激励，行权条件较为宽松，原本是为了在激烈的市场竞争中更好地留住人才团队，以利于公司转型，但在实施股权激励的过程中，因缺乏与市场和投资者充分的沟通与信心，争议四起，股价下跌，最后以失败告终。

"重兵"围困下上百名员工获"股权激励"

九阳股份是一家民营上市企业。创始人王旭宁 1994 年因爱喝豆浆发明了豆浆机。"九阳"来源于他的名字"旭"。1999 年获得智能型家用全自动豆浆机的国家发明专利。2006年王旭宁在石家庄建立了第一个九阳生活馆，让顾客亲自体验做豆浆的过程。同年年底，王旭宁在《新闻联播》、《天气预报》两个热播频道实行轰炸式广告宣传。

正在九阳投巨资抢占市场份额的时候，"三聚氰胺"事件作为"推手"使王旭宁的豆浆机一下成为千家万户喜爱的香饽饽。九阳豆浆机很快在北京、广州、沈阳建立了近2000家九阳生活馆。到2007年上半年，九阳豆浆机的销量突破25个亿。2008年6月6日，九阳股份正式亮相深圳交易所，市值突破138亿元，王旭宁身家也超过40亿元。

然而，高潮过后却没有迎来另一波高潮。原因是豆浆机的异军突起使其一下闯入诸多家电巨头的法眼，他们看到了一个新兴市场。相比其他家电产品，豆浆机这种投入成本低的不起眼的小家电竟然有高达30%的利润。2009年，苏宁、美的等家电行业的巨头进军豆浆机市场，一时间硝烟弥漫。

随着家电巨头的杀入，不仅价格战势在必行，CCTV和各地方卫视也不再是九阳独家的声音。九阳的行业巨头地位很快被撼动，其80%以上的市场份额很快减少了近一半，曾经的垄断利润不复存在。九阳这次的竞争对手是从硝烟弥漫的家电行业杀出来的巨头美的，要取胜唯有进一步加强产品创新和商业模式创新。

九阳作为由创新产品驱动成长的企业，无论是豆浆机还是随后推出的一系列创新产品，都离不开团队核心骨干对"打造市场好产品"的执着追求。创新人才是公司持续成长和发展的驱动力。留住人才，留住团队，就是胜利的保证，实行"股权激励"因此提上了议事日程。

2008年九阳上市后，公司创始成员都实现了一夜暴富。但那些后来进入公司的高管以及业务骨干们，则因为没有持公司的股份而不能实现财富倍增。为了留住这些公司高管及业务骨干，有必要推出股权激励方案，将这些公司高管的努力与公司业务发展带来的收益捆绑起来，让他们从公司的发展中分得一杯羹。

2011 年 2 月 14 日，九阳给包括公司高管在内的 246 名核心经营骨干精心准备了一份情人节礼物。公司当晚发布的股权激励方案，将以 7.95元 / 股的价格，对 246 名骨干员工定向发行 426 万股限制性股票。426 万股限制性股票将分为三个批次解锁，分别是授予日 1 年后、2 年后、3 年后。行权条件为，以 2010 年为基准年，2011 年净利润增长率不低于 5%；以 2011 年为基准年，2012 年净利润增长率不低于 6%；以 2012 年为基准年，2013 年净利润增长率不低于 7%。且上述 3 年销售额的增长率不低于20%，经营性现金流净额不小于当期净利润。

这是九阳遭受"重兵"围困，丧失近半市场份额，公司面临"二次创业"的情况下启动的股权激励。这次股权激励的行权条件和行权价格明显都过低，表现出福利性质，可以看出九阳稳定团队的意图。

行权门槛偏低，涉嫌利益输送

该方案在"情人节"这一天发布，原本是想给这一天平添一分浪漫温馨，没想到引起来自媒体、证券公司等各方的关注，并对该方案议论纷纷。使这个情人节注定"不太平"。议论的焦点主要集中在"行权门槛偏低，涉嫌利益输送"上。

首先，行权条件太低。从历史数据看，2006—2009 年公司营业收入增长率分别为 24.45%、108.05%、122.54% 和 7.24%，净利润增长率分别达到 13.66%、736.84%、76.41% 和 11.61%，而该股权激励方案提出的三年的净利润增长率分别较前一年增长 5%、6%、7%，这样的增速与过往取得的业绩相比,显然达不到"激励"的效果。

表 6-1-1 九阳股份 2008—2014 年业绩指标

年度(单位:年)	2008	2009	2010	2011	2012	2013	2014
销售增长率(以上年度为基准)%	122.54	7.24	15.32	-2.75	-4.95	7.82	11.55
净利润增长率(以上年度为基准)%	76.41	11.61	-5.37	-18.01	-7.10	10.75	7.97
归属于母公司所有者的净利润增长率(以上年度为基准)%	71.71	13.32	-3.09	-15.16	-9.19	3.18	13.19

其次,行权价格太低。该次股权激励行权价格为 7.59 元。有人认为这是违反《上市公司证券发行管理办法》的规定的。根据规定,定向增发股份价格不应低于定价基准日前 20 个交易日公司股票均价的 90%,即九阳股权激励的行权价应不低于 13.67 元。依据此次股权激励计划草案公告日(2011 年 2 月 15 日)前 20 个交易日股票均价为 15.18 元,7.59 元是按 50% 来确定的。

尽管也有证券行业的权威人士表示"5 折"的行权价格符合《中国证监会股权激励有关事项备忘录 1 号》的要求。然而,就在九阳的第一次股权激励方案发布后的当天,股价就微跌 0.18%。此后半年的时间内,九阳的股票一直下跌。反映出投资者对此次激励计划的不看好。直到 2011 年 8 月 6 日,九阳不得不以"由于内外部环境发生较大变化,激励目标难以实现"为由,发布了"撤销 2011 年限制性股权激励计划"的公告。发布公告当天,九阳股价再次下跌 7.07%。

九阳第一次股权激励方案宣告流产。

2014 年 6 月 6 日,沉寂三年后,九阳再度推出新的股权激励方案。

拟以发行新股的方式，以 4.42 元 / 股的价格向公司 119 名员工授予 729 万股限制性股票，占公司总股本的 0.96%。此次行权计划有效期 48 个月，在授予日的 12 个月后分三期，按 40%、30% 和 30% 比例解锁。考核条件方面，以 2013 年度为基准年，公司 2014 年至 2016 年销售额增长率均不低于 10%，净利润较上一年增长率分别不低于 6%、8% 和 10%。

同上一次股权激励方案相比，尽管此次股权激励价格更低，行权条件也依然偏低，但这次股权激励方案发布后市场反映良好。方案发布的当天股价上涨 1.13%，6 月 12 日还出现涨停，收盘价从 6 日的 8.75 元上升到 12 日的 10.05 元。

表 6-1-2 2011 年、2014 年九阳两次股权激励对比

对比项	2011 年激励方案	2014 年激励方案
激励模式	限制性股票	限制性股票
激励数量	246 人	119 人
授予数量	426 万股，占总股本 0.56%	693.5 万股，占总股本 0.96%
行权价格	7.59 元	4.42 元
解锁期	3 期	3 期
行权条件	净利润增长率分别较前一年（即 2010 年、2011 年、2012 年）增长 5%、6%、7%	净利润较上一年（即 2013 年）增长率分别不低于 6%、8% 和 10%
股票来源	定向增发	定向增发
市场反映	股价下跌	股价上涨

两次股权激励方案都有一个共同的特点，就是"门槛低"，但时隔三年，命运却如此不同，只能说明第一次股权激励方案"生不逢时"，是在错误时间做了正确的事。当时，九阳的霸主地位正遭受行业巨头美的、苏宁、苏泊尔的威胁，昔日风光不再，市场份额被不断蚕食，团队成员流失严重。

面对外部压力，九阳管理团队没有束手无策，坐以待毙，而是采取积极的应对措施和应对策略，充分表现出九阳擅长在细分市场精耕细作的特点：一是延伸产业链，向上游农业以订单的方式推出"阳光豆坊"品牌；二是区别于其他靠卖豆浆机攫取短期利益的企业，做到卖豆浆机更要卖好豆浆。具体做法是，购买国内净水器领先品牌海狼星公司部分净资产，借此进入净水处理领域，从而实现"好机器＋好豆料＋好水＝好豆浆"的豆浆整体解决方案，以差异化的竞争方案，巩固自己的品牌竞争优势。

在这种公司面临生死存亡的危急关头推出"股权激励计划"以稳定团队、调动成员的积极性本来没有错误，错就错在公司和市场信息不对称。在美的、苏宁之类的巨头公司广告打得铺天盖地，投资者显然对九阳失去信心，认为九阳已经风光不再，难以再振雄风。并不知道其战略部署上的调整，而九阳似乎也不可能将战略调整公告于众。因而，2011年推出的"股份激励"计划不可避免被认为有"利益输送"之嫌。

九阳第一次股权激励流产的案例启示我们：股权激励方案的出台，是建立在对信息进行充分及时的披露，对市场进行预热的情况下。否则，信息不对称加上投资者对市场固有的成见，必然会加剧股权激励计划失败的步伐。

专家点评

企业调整战略时如何进行股权激励？

※ 前海股权事务所、中力知识科技认为，九阳在实施股权激励的过程中，主要存在以下问题：

九阳集团第一次对员工搞股权激励时，伴随着市场竞争白热化而来的是人才抢夺战。在外部环境突变的危急关头，九阳做了如下调整：一是调整了经营策略；二是实施股权激励战略。然而，该次股权激励公告发布后，股价一再下跌，表明外部投资者不买账，该次股权激励被迫终止。

企业进行股权激励，涉及公司所有权的变化，可能会影响原有股东的权益。因此，及时传达市场信息并在股东层面达成共识非常重要。内部员工的股权激励，偏重"激励"二字，自然股份定价低于外部投资者的价格，这是市场都能普遍接受的情况。但如果股权激励的低价没有匹配理想的行权标准或者考核指标，会有利益输送之嫌，外部投资者会感到不公平，认为有达不到调动员工积极性以创造更好的效益的目的。但若在激励之前，公司先就未来的发展布局与战略目标和股东进行充分沟通，让他们理解单一财务低增长目标背后的产业布局，将有效减少外部投资人对激励方案的抵触情绪，同时还可能获得股东和投资人的更好支持。

※ 针对上述问题，前海股权事务所、中力知识科技认为：

企业的战略是一切治理内容制定的基础和方向，能指引企业如何竞争作出清晰的抉择。换句话说，企业战略指明了企业发展的方向，而股权激励的设计则是推动企业向这个方向快速迈进。无论是企业的股权激励机制，还是企业的其他内部治理，最终都要服务于企业的发展战略，也就是为完成企业发展的目标服务。

在企业外部经营环境发生重大不利变化时，股权激励方案要根据情况及时调整，半年后九阳撤销了此次股权激励是明智的做法。另外企业可以考虑结合经营策略调整匹配适合的激励模式，比如短期现金激励，这种即时性奖励能鼓励员工在较短时间内创造不菲业绩。

※ 知识点提炼：

企业的发展战略和经营策略是动态的，股权激励也是动态的，不能以一成不变的静态股权激励去匹配和支撑动态的战略规划：当公司因外部经营环境和内部资源能力发生变化而需要对战略进行调整时，股权激励的激励对象、激励模式、行权条件都要及时进行调整优化，以科学、合理的股权激励机制去支撑战略达成。同时，关于激励对象、额度、价格、行权条件等内容，均与原有股东和投资人的利益密切关联，作为股权激励方案的制定者，一定要解决好投资人与经营者信息对称这一关键问题，使股权激励方案取得原有股东和投资人的理解和支持，这一点也会直接影响股权激励的成败。

第二节 伊利股份：

股权激励成为管理层自谋福利的工具

我国的许多公司尽管已经上市，但未必建立了公开、透明的现代企业制度。例如公司治理结构不完善，高管一言堂，完全取代股东代表大会做决定。伊利作为我国早期实行股权激励的上市公司，由于在现代企业管理体制的构建上存在诸多漏洞，监督和约束机制失灵，中小股东代言人缺失，以致股权激励颇具"草莽"色彩，成为少数高管短期致富的工具。

高管一夜暴富，公司一夜亏损

2005 年 12 月，证监会出台了《上市公司股权激励管理办法（试行）》，并于 2006 年 1 月 1 日起正式实施。伊利作为国内有影响力的上市公司，率先实施了股权激励。可以想见，作为首批实施股权激励的企业，存在的问题和不足在所难免。正是这些问题和不足，或者说"漏洞"，使伊利的股权激励没有起到刺激业绩增长的作用。

我们先看一下伊利这次股权激励的实施情况。

2006 年 3 月，伊利提出为期八年的股权激励草案。11 月，公布修改后的方案。共授予激励对象 5000 万份股票期权，占当时总股本的 9.681%，行权价格为 13.33 元 / 股。2006 年 12 月 28 日被确定为股票授权期授予日，此后由公司发行认股权证。2007 年 11 月 21 日，股票期权数调整为

6447.9843 万股，行权价格为 12.05 元 / 股。33 名高管及骨干获得 5000
万份股票期权，其中董事长潘刚获 1500 万份，占本次股票期权数量的
30%。

表 6-2-1 激励对象及分配情况表

姓名	职位	激励数量(万份)	占本次激励总数比例（%）	占当时总股本比例（%）
潘刚	总裁	1500	30	2.9043
刘春梅	总裁助理	500	10	0.9681
胡利平	总裁助理	500	10	0.9681
赵成霞	总裁助理	500	10	0.9681
其他成员	核心业务骨干	2000	40	3.8742
合计		5000	100	9.681

按照规定，激励对象的行权条件将与企业经营业绩捆绑起来：在首次
行权时，公司上一年度的净利润增长率必须不低于 17%，并且上一年度主
营业务收入增长率不应低于 20%。同时规定首期以后行权时，伊利股份上
一年度主营业务收入与 2005 年相比的复合增长率不低于 15%。

股权计划实施后，伊利的净利润与实施前的 2005 年相比，每年都在
大幅度下降。2007 年、2008 年，甚至出现了亏损。伊利实施股权激励后，
企业每股收益在 2005 年至 2008 年间经历了一次大幅度下降，从实施股权
激励计划之前的 2005 年的 0.865 元，下降到 2008 年的 –2.4 元。

表 6-2-2 2007 年股改前后伊利高管薪酬及持股结构变化表

职务	2005—2007 年度薪酬总额（万元）			薪酬年度增长率（%）		2007 年年初及年末持股数量变化（万股）	
高管	2005 年	2006 年	2007 年	2006 年	2007 年	2007 年初	2007 年末
董事长	22.04	87.4	122.1	296.55	39.07	180	181.93
副总裁	14.22	27.86	34.12	95.92	22.47	88	88.65
董秘	13.71	28.87	37.32	110.58	29.27	60	60.04
财务总监	14.22	30.32	35.23	113.22	16.19	88.5	89.14

到 2009 年伊利因连续三年亏损，甚至成为股市上遭遇退市预警的企业（*ST），这直接导致部分公募基金被迫将其清仓，公司股价一度跌至谷底。假如不是行权条件过于宽松，伊利股份无论如何不至于到被 *ST，伊利股份股权激励的弊端由此得以充分暴露。

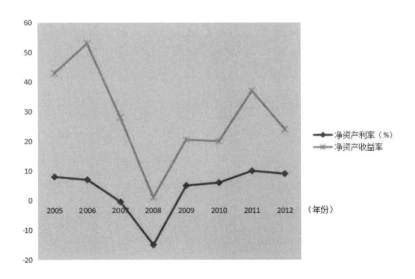

图 6-2-1 伊利 2005—2012 年净资产利率、净资产收益率变化

第一，行权条件宽松。从股权激励的总额来看，不难看出这是一家实力雄厚的上市公司。

第二，从行权条件来看，公司在首期行权时可以轻松达标。因为首期行权的基期为 2006 年。而股权激励方案正式出台时，2006 年的业绩尚未公布，上市公司高管完全有可能压低 2006 年的业绩来降低首期行权的难度。至于首期之后的行权条件，也就是要求每年满足主营业收入增长 15% 即可。这一速度甚至达不到整个乳业的平均速度。

更为宽松的还在于，行权条件只有针对主营业务的收入增速的限制，而没有任何对净利润或净资产收益率指标的限制，这意味着只要伊利管理层愿意，他们还可以通过亏本大甩卖促销的方式来满足行权条件。

第三，公司治理结构不完善。尽管伊利基本形成了由股东会、董事局、监事会和总经理组成的治理结构，它们也分别履行公司战略决策职能、纪律监督职能和经营管理职能。但实际上是高管在全方位行使权力，股东大会的作用甚微，这使得高管可以不顾股东的利益，从而导致股权激励难以达到预期效果。

第四，从微观层面来说，需要扩大股权激励的人员范围。公司盈利能力的提高，经营业绩的提升不是局限于高管团队，而是需要整个公司成员同舟共济。股权激励范围过于狭窄，会导致企业内部收入差距进一步拉大，严重时甚至会导致高层管理人员与员工之间的矛盾。

伊利的股权激励主要是激励一部分高层，公司核心业务骨干却享受很少一部分利益，且由于其宽松的行权条件，像是变相给高层发奖金。

这种结果必然引起中小投资者的不满，使得其股权激励方案被扣上仅仅是企业高管获取利益的一种手段而没有产生激励作用的"罪名"。伊利股权激励方案对企业的经营业绩并没有产生预期的良好效果这一事实，说明其股权激励方案确实不太完善,也间接暴露了其在公司治理上存在漏洞。

巨额管理费摊薄中小股东利益

根据新的会计准则 2006 年《企业会计准则第 11 号——股份支付》,2007 年伊利的股权激励方案中的所有激励对象都满足方案中规定的行权条件。公司实施股权激励计划,总共有 73895 万元的股权激励支付费用需要摊销,其中 2006 年摊销 18473.75 万元;2007 年摊销 55421.25 万元。但 4 月底,依照证监会相关规定,公司的股权激励费用不可以按年摊销而必须按日摊销,2007 年 12 月 28 日之后的股权激励费用不能全部在 2007 年摊销,而需要在 2008 年度摊销。所以新方案对其股权激励费用的处理方案进行了调整,将费用调整为 2006 年摊销 506.12 万元,2007 年摊销 45981.93 万元,2008 年摊销 27406.95 万元。这样,到 2007 年,摊销的高昂的股权激励费用导致伊利出现了 1.15 亿元的巨亏。

为了避免对利润影响的幅度过大,伊利可以将股权激励成本在多个年度进行摊销,但伊利并未采取这个做法,而是将其在三个年度摊销完。伊利的这种做法是合法的,但这种做法容易传递给市场一种信号:如果 2008 年底高管全部行权,如此着急之举是否代表连伊利高管都不看好公司未来发展?这种信号传给外界,可能带来伊利股价的大幅波动和下挫。

另外,伊利存在股权激励力度过大的倾向。根据我国上市公司股权激励管理办法明确规定:上市公司用于股权激励的股票总数不得超过总股票数的 10%。伊利的期权激励方案占总股本的 9.681%,接近上限。过度激励会导致股权激励费用的增大,这些费用都会摊薄中小股东的利益。

专家点评

如何破解"激励变福利"的僵局

※ 前海股权事务所、中力知识科技认为，伊利在实施股权激励的过程中，主要存在以下问题：

一般观点认为股权激励计划可以把公司团队、股东的长远利益、公司的长期发展结合在一起，在一定程度上防止经理人的短期经营行为，以及规范一些如"内部人控制"等的侵害股东利益的行为。但是要达到这个目的，前提是股权激励计划设计要科学合理，符合公司发展的总体纲要，并且要和整个宏观环境相适应。伊利实施股权激励，因其宽松的行权条件、较小的范围，让大部分为伊利创造业绩和利润贡献的团队没有较好的收益空间，有变相给高管发奖金之疑，因此，即便在公司遭受亏损时，伊利股份的高级管理人员也获得巨额收益，背离了股权激励的初衷。股权激励并不是一个短期的、投机的行为，也并非快速致富的捷径。如果没有科学的考核目标、规范的制衡机制，股权激励中的"激励"作用也就荡然无存。

※ 针对上述问题，前海股权事务所、中力知识科技认为：

第一，应该改善公司的治理环境，加强薪酬与考核委员会的独立性、增加独立董事比例，充分发挥这一职位的作用。第二，要充分发挥董事局的治理作用，保障股东对公司的经营实施监督管理，形成健康、良性的治理运作机制。第三，相关部门应加强对上市公司的监管，对其违反行为应加强监管力度，必要时撤销其实施股权激励计划的资格，甚至将违法所取得的股权激励收益返还给股东。

※ **知识点提炼：**

股权激励计划能否真正发挥激励效果、避免成为高管为自己增加财富的工具，还要看上市公司的董事局独立董事比例及独立性，从而更好地发挥监督作用。

翻阅此次股权激励时伊利股份的年报和相关公告，可以发现，伊利股份董事局独立董事构成比例存在以下缺陷：伊利股份董事局由 11 名成员构成，其中 3 名是独立董事，即独立董事比例为 3/11，为伊利高管操纵股权激励计划的设计和实施埋下了隐患。根据《上市公司股权激励管理办法》的规定，上市公司的外部独立董事应占董事局成员 1/3 以上。

据美国《财富》杂志显示，美国公司 1000 强中，董事局平均人数 11 人，独立董事 9 人，占 81.8%。通用电气公司独立董事在 16 席董事局中占 15 席，可口可乐公司独立董事在 15 席中占 13 席。微软公司是 11 席中占 8 席。这些数据从一个侧面表明独立董事在公司治理结构中的重要作用。

第三节 康缘药业：
定增式股权激励引争议

近年来，定增式股权激励在上市公司中间愈加普遍，对上市公司来说，定增融资和股权激励二者都是关乎企业生存发展的大事，如果能将二者结合起来，无疑是一种极具诱惑力的可能。

从 2013 年开始，在融资和股权激励的融合方面，已有很多家上市公司进行了实践。在这些案例中，杠杆式理财产品因收益更大，尤其受到高管们的欢迎，虽然加杠杆的模式并未获得监管部门的认可通过，因其所引爆的关于定增激励中利益输送问题的论战却久未平息。

康缘药业就是这样一家因实施定增式股权激励而深陷争议旋涡的上市公司。2012 年，康缘药业因业绩未达标终止了股权激励计划，仅仅一年之后，康缘药业再度推出新的股权激励方案，掀起了业界的轩然大波。

尽管康缘药业声称这是一次创新的定增模式，但在某些业内人士看来，这种变相的股权激励某种程度上就是对高管人员的利益输送，不仅避开了政策雷区，亦连带着帮助相关机构实现了收益增值。

从股权激励失败到定增激励出炉

江苏康缘药业股份有限公司（股票简称"康缘药业"），是一家集中药研发、生产、贸易为一体的大型中药企业，由连云港恒瑞集团有限公司等 5 家法人以及公司管理层肖伟等 5 位自然人共同发起。

2002 年 9 月 5 日，康缘药业向社会公开发行普通股 4000 万股，9 月 18 日，康缘药业正式上市。从公司股权结构来看，董事长肖伟通过间接与直接持股方式总计持股 30.26%，是公司的大股东之一。

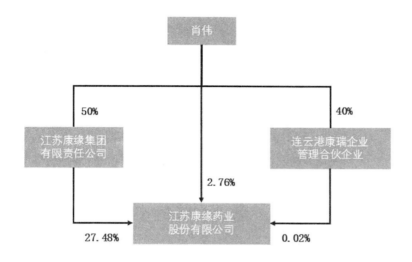

图 6-3-1 康缘药业控股图

2013 年 1 月 21 日，康缘药业发布公告称，公司计划定向增发股票 2019.07 万股，募资 3.542 亿元，发行价为 17.83 元 / 股。根据定增预案显示，公司大股东康缘集团以 1.2 亿元自有资金认购 673 万股，并引入一致行动人汇添富—康缘资产管理计划（以下简称"汇康资产管理计划"），以 2.4 亿元认购 1346 万股。

江苏康缘集团有限责任公司与汇添富—康缘集合资产管理计划现金认购江苏康缘药业股份有限公司非公开发行股票收购报告书

（2013 年 2 月 6 日）

汇康资产管理计划拟由康缘集团及其控股子公司（含康缘药业及其子公司）高级管理人员、核心人员以及康缘集团指定的其他人员自筹资金 8000 万元（享受浮动收益），并融资 15999.89 万元（享受固定收益），合计 23999.89 万元，交由汇添富设立和管理，该资产管理计划主要用于投资康缘药业非公开发行的股票，存续期限为自资产管理合同生效之日起 5 年。

本次收购前，收购人持有康缘药业 11,288.60 万股，持股比例为 27.16%，为康缘药业的控股股东。该股票目前不存在质押、冻结等权利限制。

本次收购完成后，收购人及一致行动人将持有康缘药业 11961.63 万股（含康缘药业实际控制人肖伟直接持有的股份），持股比例为本次收购完成后康缘药业总股本的 33.24%，仍然保持控股股东地位。

本次发行新股的价格为 17.83 元/股，定价依据为本次非公开发行股票董事局决议公告日前 20 个交易日股票交易均价的 90%。

本次收购方案在取得中国证监会批准后，由康缘药业非公开发行新股 2019.07 万股，康缘集团和汇康资产管理计划分别以现金认购 673.03 万股和 1346.04 万股。

汇康资产管理计划是康缘集团及康缘药业中高层自筹资金 8000 万元，并融资 1.6 亿元组成的资产管理计划，存续期限是自资产管理合同生效之日后五年。该资产管理计划的原理十分类似于当时较为流行的分级基金。

使用杠杆且不同收益权，资金 33% 来自集团及子公司的高管、核心人员及指定的其他人员（B 级投资者），67% 来自外部非关联投资者（A 级投资者）。A 级投资者和 B 级投资者所享有的收益有很大区别，后者享受浮动无上限收益，而前者只享有固定份额利息收益。照此计算，康缘集团高管出资 8000 万元，按 1:2 比例配套 1.6 亿元进行放大，将持有康缘药业 3.09% 股份。

江苏康缘集团有限责任公司与汇添富—康缘集合资产管理计划现金认购江苏康缘药业股份有限公司非公开发行股票收购报告书摘要
（2013 年 2 月 6 日）

汇康资产管理计划拟由康缘集团及其控股子公司（含康缘药业及其子公司）高级管理人员、核心人员以及康缘集团指定的其他人员自筹资金 8000 万元（享受浮动收益），并融资 15999.89 万元（享受固定收益），合计 23999.89 万元，交由汇添富设立和管理，该资产管理计划主要用于投资康缘药业非公开发行的股票，存续期限为自资产管理合同生效之日起 5 年。

该资产管理计划决策委员由 3 人组成，其中 B 级投资者推荐 2 人，汇添富投资经理 1 人，因而由 B 级投资者实际控制，构成康缘集团的一致行动人。

在当时的背景下，这种由公司高管借钱来认购定增股票的方式还很少见，因此，该定增方案一出，随即引爆市场，并被视为定增形式的另类股权激励，最后并未获得证监会通过。

2013 年 5 月，康缘药业公布了经过修改的新定增方案，后获得审议通过。新方案中，股票发行数量调整为 1493.15 万股，其中控股股东康缘集团认购 497.72 万股，汇康资产管理计划参与定增 995.43 万股，融资金额保持不变。另外，新方案规定外部投资者不再参与认购，亦不存在固定收益与浮动收益，改为由康缘药业高管、公司董事和连云港康缘医药公司三方共同出资设立，出资人每一出资份额都享有同等分配权。

与原方案相比，新的参与定增人员几乎涵盖了所有核心管理人员，方案主要围绕汇康资产管理计划而展开，但其激励实质上换汤不换药，仍然是很低折价率认购，也并未限制业绩指标。

康缘药业定增预案公布后，有报告称该定增彰显了控股股东对上市公司的发展信心，还有人认为股票投资者与认购管理层达到了利益协同的效应。但对此类观点，许多专业人士存有异议。

事实上，两年前的 2011 年 6 月 20 日，康缘药业也曾实施过股权激励，授予 62 名公司高管 760 万股，占公司授予前总股本的 1.83%，授予价格 8.33 元 / 股。按照当时的股权激励计划，行权解锁条件分为三期：第一期是 2011 年公司营业收入超过 16 亿元，净利润不得低于 2.4 亿元；第二期为 2012 年营业收入超过 20 亿元，净利润不得低于 3 亿元；第三期为 2013 年营业收入达到 25 亿元以上，净利润不得低于 3.7 亿元。

然而，由于 2011 年公司净利润只有 1.5 亿元，没能达到第一期解锁要求，不得已之下，康缘药业在 2012 年 4 月宣布该股权激励计划失败终止，其给出的理由是，因预计公司在 2011 年、2012 年及 2013 年的经营业绩均无法达到股权激励计划目标，故取消已公布的股权激励计划，并使用 6330 万元自有资金原价回购注销了用来激励的股份。分析人士指出，康缘药业如果继续以标准的股权激励方式操作，按当初的行权条件实施，成本将会高出很多，成功概率非常小。

相隔不到一年，康缘药业再次抛出创新的定增方案，即所谓的定增式股权激励，此举顿时引起多方质疑，认为这在某种程度上是以定增的方式推行激励计划，以绕开很多繁琐的限制条件。一时间，关于康缘药业定向增发是否存在利益输送行为的讨论甚嚣尘上。

"业绩不增分红大增"惹争议

总结种种围绕着康缘药业定增式股权激励的质疑与辩论，可以发现，争议点主要有以下几方面。

第一，据定增方案显示，康缘药业预计募资 3.6 亿元，其中的 3.24 亿元将用于投资"1500 吨植物提取物系列产品生产项目"，此说法是否可信？

康缘药业方面的解释是，该植物提取物项目不仅是热毒宁等中药注射剂生产不可缺少的材料，而且可用于营养补充剂、保健食品、化妆品等其他产品的生产。此项目建成后，预计可实现每年营收 7.8 亿元、每年净利润 1.35 亿元。

康缘药业非公开发行股票募集资金使用可行性分析报告

本次非公开发行募集资金总额为 36,000.02 万元，净额不超过35420.02 万元，拟投资于以下项目：

表 6-3-1 植物提取物项目资金情况

单位：万元

序号	项目名称	投资总额	募集资金使用金额
1	1500 吨植物提取物系列产品生产项目	35013.43	32400.00
2	补充流动资金	3020.02	3020.02

公司重点产品热毒宁 2006 年上市后增长迅猛，2011 年销售收入
4.7 亿元，同比增长 44%，取代桂枝茯苓胶囊成为公司第一大产品，
2012 年销售收入突破 8 亿元，是公司业绩增长的核心驱动力。植物
提取物不仅为热毒宁、银杏二萜内酯等中药注射剂生产的必备原料，
而且可用于营养补充剂、保健食品、化妆品等生产。然而，公司的前
处理提取车间为 2002 年技术改造所建，产能瓶颈显现。若热毒宁的
生产继续保持增长态势再加之银杏二萜内酯产品的投产，目前的植物
提取能力将无法满足公司长期发展的需要。

长期以来，康缘药业主要营业收入是来源于热毒宁注射液的销售。数
据显示，2006 年康缘药业上市以后，公司重点产品热毒宁的市场业绩快
速增长：2011 年，热毒宁实现销售收入 4.7 亿元，同比增长 44%，跻身为
公司第一大产品；2012 年，热毒宁销售收入突破 8 亿元；2013 年，热毒
宁销售收入已经占到公司总收入的 58.8%。但是，随着中药行业的竞争加
剧，热毒宁的产品销售和市场份额面临日益严峻的挑战。

而在股权激励预案中，康缘药业并没有介绍热毒宁产能扩大之后的具
体市场消化计划，仅由康源药业高管程凡含糊地解释称"此次定增项目的
产品可扩大公司生产规模，提高市场占有率，带来很大的经济效益"。这
种只提盈利预测却不给明确业绩承诺的表现，实在难以建立投资者的信心，
同时也似乎暗示着即使该项目无法完成预期收益，康缘药业和管理层亦无
须进行业绩补偿。这种定增方案投资者和资本市场自然不会买账。

与此同时，2014 年至 2016 年的相关数据表明，植物提取物项目带来
的热毒宁销量增长并不明显，营业收入水平提高也没有发生，单位产品获
利能力不升反降。所谓的"带来很大的经济效益"，最终成为一句空话。

第二，康缘药业发行价格是否过低？

表 6-3-2 康缘药业定向增发各主要指标及其同行业对比

年份	医药行业	增发价（元）	每股收益（元）	每股净资产（元）	市净率(%)	市盈率(%)
2013	莱美药业	25.1	0.32	5.42	4.64	78.43
2013	昆药集团	25.97	0.71	5.15	5.04	36.57
2013	神奇制药	11.01	0.29	3.12	3.52	37.97
2013	中珠医疗	9.51	0.17	2.8	3.39	55.94
2013	益佰制药	31.35	1.21	8.6	3.64	25.90
2013	康缘药业	17.83	0.66	5.7	3.02	27.15

通过与同行业的指标对比可知，在康缘药业定增方案中，市盈率指标要求和市净率指标要求都处于较低水平，定增发行价格也明显低于市场价格。如果实施定增之前几年，康缘药业的盈利能力在行业中屈居下风，这种低水平的指标设定还能理解，但是，2010 年至 2013 年间康缘药业在行业中的发展表现亮眼，2012 年公司净利率同比增长甚至达到 31.32%，这些数据在一定程度上说明，康缘药业定增发行价格确实偏低，很难不让人产生负面联想，怀疑这次定增其实是为了对公司管理层进行激励奖励。

表 6-3-3 中药行业净资产收益率排名

医药行业排名	企业名称	截止日期	净资产收益率(%)
1	启迪古汉	2012-12-31	0.252753
2	东阿阿胶	2012-12-31	0.244377
3	片仔癀	2012-12-31	0.225374
4	云南白药	2012-12-31	0.225196
5	中恒集团	2012-12-31	0.220528
6	益佰制药	2012-12-31	0.219183

表 6-3-3 续

医药行业排名	企业名称	截止日期	净资产收益率（%）
7	中新药业	2012-12-31	0.201114
8	华润三九	2012-12-31	0.19388
9	昆药集团	2012-12-31	0.190385
10	天士力	2012-12-31	0.188298
11	上海凯宝	2012-12-31	0.170702
12	康缘药业	2012-12-31	0.167943

对比可见，康缘药业 2012 年净资产收益率在医药行业板块排名第 12 名，因此能够肯定，并非公司业绩差，而导致康缘药业增发价格市净率等指标偏低。

康缘药业定向增发中是否存在套现行为？

定向增发中，大股东可能在认购前减持股票，打压股价，并在认购后补充原有股份，以实现套利目的。而在康缘药业增发前后的时间段内，公司股东的确出现了减持套现现象。

2012 年 10 月，康缘药业董事夏月连续 3 天大额减持股份；2013 年 1 月，定增方案公告后，公司股价大幅攀升，夏月再次进行了大额减持。夏月此举违反了相关规定和承诺，事前没有及时向公司报告，也未在上交所披露持股变动情况，遭到上交所纪律处分委员会通报批评。

第三，康缘药业定增过程中是否存在利益输送现象？

从 2012 年至 2015 年公司分红占比数据可知，2014 年实际认购后的近两年间，康缘药业平均现金分红比例为 15.17%，而定增前两年，平均现金分红比例仅为 10.10%，三年间出现了 5% 的上升。有人分析认为，这 5% 很可能是对认购定增管理层的隐性让渡，也可看作是某种形式的利益输送。

第四，股权激励式定增真的激励了康缘药业业绩的提高吗？

而从盈利能力看，相比之前几年，定增认购后的 2014 年和 2015 两年，康缘药业的盈利能力并没有得到较大改善，销售净利率、总资产净利率和净资产收益率三项指标总体呈下降趋势，尤其是净资产收益率在 2015 年达到近 5 年来的新低；从偿债能力看，这次定增看似增强了企业的偿债能力，但同时也为高额的股利分红提供了借口；从成长能力看，定增后康缘药业的各项经营指标不仅没有改善，反而在 2014 年和 2015 年出现较大的下滑现象。由此可见，康缘药业的定增股权激励并没有带来业绩的提高，"定增投产的项目"也没有显现良好效益。

综上所述，康缘药业 2013 年推行的股权激励，看似广告效应颇佳，初期也带来了大幅的股价上升，但这种现象并没有持久。此后几年的事实证明，无论是公司的财务状况还是经营业绩，均没有得到有效提升，甚至某些数据指标还有一定程度的负效应，与其相悖的是，定增后的分红金额和分红比例却都有大幅提高。康缘药业这种仅有高管参与的定增激励，不仅难以起到预期的激励效应，反而为利益输送提供了条件。

康缘药业的定增式股权激励，尽管问题颇多，效果也不理想，但却为其他上市企业的股权激励提供一定的参考和启发。定增式股权激励，虽然披着股权激励的外衣，却包裹着定向增发的特质，相比其他再融资手段，具有某种程度上的优势。而通过资管计划，由具备出资能力的高管或员工以现金参与认购，不仅可以彰显企业对未来的发展信心，还可以起到避税和激励作用。因此，不能因为康缘药业在方案操作上可能存在利益输送行为，就全面否定定增激励的正面意义。

专家点评

纯高管认购定增方案需规避政策雷区

※ 康缘药业的定增式股权激励之所以遭到质疑，主要是因为其定增行为存在几个争议：

争议一：变相股权激励的合规性。相较而言，纯高管参与的认购定增更有可能出现利益输送行为。

争议二：真创新还是擦边球。带有利益输送性质的定增方案，用打擦边球的方式进行创新是不可取的。

※ 针对上述问题，前海股权事务所、中力知识科技认为：

1. 纯高管认购定增更有可能出现利益输送行为。从案例看来，康缘药业项目融资的动机并不强烈，项目收益效果也缺乏业绩承诺，且作为中医药板块中的优势企业，康缘药业的市盈率和市净率明显偏低，发行价格也过低，这些都是可能存在利益输送的表征，康缘药业可能通过修改定增的相关细节，以避开政策雷区。

2. 带有利益输送性质的定增方案来进行激励，必然会引起相关监管机构的核查，能否通过存在变数，其激励效果和激励的初衷难以实现。

※ 知识点提炼：

1. 做股权激励，合法合规是底线，否则企业将会得不偿失。

2. 股权激励之所以区别于定增等其他的资本手段，原因就在于其激励性。而激励性则体现在目标的挑战性和对象的广泛参与性。股权激励设置的考核行权条件，一定是基于历史经验数据而设定的一个既具有一定的挑战性、又有可实现性的目标，以达到企业和员工的共赢。以损害一方利益来满足另一方利益的行为，都是不对的。而在激励对象上，应包括高层、中层、基层管理和专业技术人员等各层面的优秀分子，形成核心人员的上下联动，股权激励的效果才可能得以最大彰显。

第四节 苏泊尔：

"0 元股权激励"引发的风波

近年来，随着小家电行业转型升级的压力逐渐增大，不少小家电企业寄望于通过股权激励计划来优化治理结构、吸引并留住技术型人才。

作为我国小家电领导品牌，苏泊尔在股权激励领域堪称行业先锋，分别在 2006 年、2012 年和 2013 年陆续实施了三次股权激励计划。

尽管实施股权激励计划的次数频繁，但苏泊尔每次股权激励的效果都不甚理想。尤其是 2013 年重磅推出的"0 元股权激励方案"，几乎等于将股权白送给了公司高管，着实令人瞠目。那么，苏泊尔的股权激励方案究竟隐藏着何种玄机，又因何被业内不客气地评价为"公然抢劫"？

股权激励之因：小家电龙头遇转型挑战

浙江苏泊尔股份有限公司创立于 1994 年，总部设在浙江杭州，是中国目前最大、全球第二的炊具研发制造商。

2004 年 8 月 17 日，苏泊尔在深交所上市，成为中国炊具行业首家上市公司，苏显泽担任董事长兼总经理，创始人苏增福（苏显泽之父）通过直接和间接持有苏泊尔 57% 的股份。

2006 年，苏泊尔接受 SEB 集团的要约收购，控制权转移至拥有 150 余年历史的法国赛博集团（以下简称"SEB 集团"），通过优势互补、互利合作的方式,苏泊尔获得了世界先进的生产技术和管理理念,增强了竞争优势。如今,苏泊尔产品涵盖炊具、小家电、厨卫家电三大领域,公司品牌延伸至厨房生活的各个领域。

在追求创新与要求更高技术标准、更精工艺水平的行业大环境下,苏泊尔面临着从劳动密集型向技术型企业转变的挑战。为了吸引和留住技术人才,完成企业转型,苏泊尔开始尝试实施股权激励。

同年,苏泊尔在小家电行业率先开启股权激励实践。7月14日,经第二次临时股东大会决议,苏泊尔通过第一次股权激励方案,激励方式为股票期权,股票来源为向激励对象定向增发。

苏泊尔第一次股权激励虽然达成了相应的指标,但激励对象并没有选择行权。到了2007年,苏泊尔和SEB集团进行战略合作,公司发生相应的股权变革,首次股权激励计划因股权变动而被迫中止。

2012年,整个家电行业景气低迷,同时期,苏泊尔的产品又被爆出了质量问题,于是,苏泊尔再次想到通过股权激励推动转型。2012年6月29日,股东临时大会通过了苏泊尔第二次股权激励方案,激励方式为股票期权与限制性股票混合的模式,激励对象包括公司董事、高级管理人员和各事业部、子公司的中层管理人员及核心业务人员。

虽然苏泊尔2014年和2015年的内销营业利润均达到了目标值,但由于内销营业收入未达到目标值,所以综合来看未达到股权激励的行权条件,第二次股权激励再次宣告失败。

投资者之怒:"将利益输送做到了极致"

2013年12月13日,苏泊尔通过了第三次股权激励计划,以0元价格向激励对象授予580万股限制性股票,按照推出股权激励计划方案当日苏泊尔股票的收市价 14 元来计算，这 580 万股股票总计价值 8120 万元。本次激励对象共计 114 人，范围涵盖了董事、高级管理人员以及公司认为符合激励条件的相关员工。董事长苏显泽、财务总监徐波以及副总经理兼董秘叶继德三人分别被赠予 30 万股、24 万股和 12 万股，占授予总数的比例分别为 5.172%，4.138% 和 2.069%。

苏泊尔关于向激励对象授予限制性股票的公告（2013 年 12 月）

标的种类：激励计划拟授予激励对象的激励工具为限制性股票。

激励对象：激励计划涉及的激励对象共计 114 人，具体分配如下表。

表 6-4-1 苏泊尔第三次股权激励授股情况

姓名	职务	获授限制性股票数量（万股）	占授予限制性股票比例 %	占目前总股本比例 %
苏显泽	董事长	30	5.172	0.047
徐波	财务总监	24	4.138	0.038
叶继德	副总经理兼董秘	12	2.069	0.019
其他激励人员		496	85.517	0.782
预留部分		18	3.103	0.028
合计		580	100	0.914

授予价格：限制性股票的首次授予价格为每股 0 元。

考核指标：

A. 公司对激励对象设置公司业绩考核期，考核期自 2013 年起至 2016 年止；考核期内，公司每个考核年度的净资产收益率不低于 13%；"净资产收益率"指的是公司加权平均净资产收益率。

B. 考核期内，根据每个考核年度的内销收入及内销营业利润的完成率，确定激励对象在各解锁期可获得解锁的限制性股票数量。

为实施股权激励计划，公司于 2013 年 12 月 5 日完成日限制性股票的回购，实际购买公司股票 5720205 股，约占公司股本总额的 0.902%；实际使用资金总额为 86627810.74 元；起始时间为 2013 年 11 月 6 日，终止时间为 2013 年 12 月 5 日。

苏泊尔第三次股权激励计划一经公告，立时引起业内一片质疑声，被认为是"最露骨的利益输送"。有业内人士指出，本次股权激励计划的手法并不新鲜，仍旧承袭了某些上市公司利用股权激励暗度陈仓，实施利益输送动作的套路，只是在程度上更胜一筹而已，但其结果都无外乎是让投资者的利益严重受损。

首先，苏泊尔第三次股权激励的行权条件过于宽松。

本次股权激励的解锁条件之一是净资产收益率达到 13%，但苏泊尔 2010 年至 2012 年的净资产收益率分别为 17.58%、18.38%、16.24%；2013 年上半年加权净资产收益率为 8.77%，年化净资产收益率为 17.54%。也就是说，苏泊尔近四年的平均收益率为 17.44%。比较之下，苏泊尔 13% 的考核标准非常容易实现。同时，13% 只是行业内的最低要求，以最低要求作为解锁条件，十分缺乏说服力。

表 6-4-2 苏泊尔净资产收益率数据与行业对比

单位：%

年份	2006	2007	2008	2009	2010	2011	2012	2013	2014	2015
苏泊尔	13.47	14.26	13.27	15.21	17.52	18.19	16.17	18.53	19.41	21.90
行业平均	12.87	14.83	14.60	11.18	19.78	11.40	3.65	7.37	5.78	6.11

资料来源：苏泊尔年报与 wind 数据库

一般来讲，企业在设定行权条件时都会特别小心——如果行权条件过低，激励对象可以轻易达到，将难以调动激励对象的积极性。第三次股权激励计划之所以引起一片哗然，主要就是因为激励条件的设定过于宽松，虽然苏泊尔达到了所设定的指标，却与股权激励的真实含义有所违背。

其次，苏泊尔第三次股权激励的激励对象明显有扩大趋势。

第三次股权激励涉及人数达114人，相比前两次股权激励，本次激励对象不仅涉及高层管理人员、董事，还涉及许多基层经理。由于此次股权激励计划的行权指标比较容易实现，客观上为利益输送创造了前提，而随着激励对象扩大到各个部门，更是加深了外界的这种怀疑。此外，此次股权激励较少针对技术型人才，而激励对象的选择范围不够广泛，就可能打击到员工积极性，直接影响到股权激励的效果，导致预期的激励目的落空。

最后，苏泊尔第三次股权激励的行权价格低到极致。

此次股权激励最吸引人眼球的无疑就是"0元"购股计划。随着我国实施股权激励的企业逐渐增加，确实出现了不少对激励对象进行利益输送的事件，但一般都是激励对象进行半价认购，很少出现类似苏泊尔这种"白送"的情形，也难怪业内人士会把此次股权激励称作是"将利益输送做到了极致"。

专家点评

行权指标设计是关键

※ 针对苏泊尔的股权激励案例，前海股权事务所、中力知识科技认为：

苏泊尔的股权激励被认为是最露骨的利益输送，不是没有道理的。

1.苏泊尔股权激励计划设定的行权条件过于宽松。苏泊尔第三次股权激励的解锁条件之一是净资产收益率达到 13%，而苏泊尔近四年的平均收益率为 17.44%，其实是打了 7.5 折。

2. 苏泊尔此次股权激励较少针对技术型人才，激励对象覆盖面不足。

3. 本次股权激励的行权价格低到极致，甚至出现了 "0 元购股" 现象。

在本案例中，苏泊尔第三次激励方案涉及人数达到 114 人，但仅局限于公司高管层面和职能部门管理人员，针对技术型人才则比较少。所以，此方案显得有些 "头重脚轻"，有碍于员工与公司整体利益趋于一致，不利于企业吸引和留住优秀人才。"0 元股权激励" 究竟是下血本留住人才，还是暗中进行利益输入？

综上所述，苏泊尔本次股权激励中明显存在利益输送的迹象。未来，苏泊尔需要制定合理的激励价格，行权条件的设置也应该更为合理。

※ 知识点提炼：

在苏泊尔案例中，**股权激励的对象覆盖范围应从高管、中层再到基层员工，按比例进行股权激励的合理分配，切不可偏废其一。**

在行权条件方面，激励指标应科学合理，才能体现出激励的效果，发挥出员工的积极性和主人翁精神，切不可选取形式主义或者过于容易实现的考核要求，避免股权激励成为高管们的福利工具。须知，越是容易得到的，越不珍惜。行权条件过于宽松，激励对象就不会去努力争取，损害公司利益的同时，员工利益最终也会受损。

数据显示，苏泊尔推出 "0 元股权激励方案" 之后，激励对象却毫不领情，三年中就有 10 位激励对象相继离职，苏泊尔或因此沦为 SEB 集团代工厂。

※ 典型案例

在我国厨房电器行业，老板电器是历史最为悠久的一家企业，同时，在市场份额和生产规模方面，老板电器也堪称业内领航者，其吸油烟机的销量曾连续三年获得全球销量第一的佳绩。

老板电器之所以能够取得如此成功的市场表现，一方面是因为公司长期坚持研发新技术，不断引领厨电行业进行技术变革；另一方面，老板电器实施的有针对性的股权激励计划，对于企业的经营发展起到了极大推动作用。包括"千人合伙人计划"和员工持股计划等一系列的股权激励举措，均发挥了很好的激励作用，使得公司核心员工和基层员工都对公司产生了更强的向心力。

早在上市前两年，老板电器就开始对公司组织结构进行深度改造，2010年老板电器上市后，随着公司市场扩张的脚步进一步加速，激励制度的改革也积极跟进。到2013年年底，任富佳出任老板电器总裁后不久，便迅速推出了股权激励计划。

2013年开始推行的"千人合伙人计划"，旨在鼓励核心员工通过分红或入股的方式参与公司经营，从而转型为事业合伙人。为了进一步激发管理团队的积极性，并捆绑代理商，为渠道发展打好基础，老板电器采取代理人制度变革与管理团队激励齐头并进的方式，在二期代理商持股计划完成的同时，又推出2018年员工持股计划，覆盖公司董监高及核心技术和业务人员。近几年随着股权激励的逐步落实，不仅大大增强了管理层和员工的工作热情，公司的业绩表现也日益提升，公司股价更是呈现整体上升趋势，且明显高于同期行业平均水平。

庙算篇

股权激励计划需要综合考虑、精心制订。"多谋"多胜，"少谋"少胜，"不谋"则不胜。

第七章

股权激励计划制订不合理

第一节 海普瑞：

神话笼罩下的股权激励困局

作为中国医药行业的上市公司，海普瑞刚一上市就演绎了一出"造富神话"，引起国内外关注。然而，海普瑞上市后，公司后继增长无力，业绩下滑，导致资本市场上股价跳水。于是，海普瑞祭出了股权激励计划，试图稳定公司核心经营团队，提升公司市值，结果却以失败告终。

那么，到底是什么原因导致了海普瑞的造富神话覆灭？

"高价股"被资本市场打回原形

深圳市海普瑞药业股份有限公司成立于 1998 年，公司主要经营肝素钠原料药的生产与销售，产品多数出口，交易对象多是全球知名的国际企业。在取得了美国 FDA 食品药品管理局认证和欧盟 CEP 药典性认证的药政批准后，海普瑞名声大噪，一度被业内视为高成长的典范企业。

2010 年 5 月 6 日，海普瑞在深交所中小板正式上市。

　　上市当天，海普瑞发行价冲上 148 元 / 股，对应市盈率竟然达到令人惊讶的 73.27 倍，一举创下了 A 股市场首次发行的最高价。打着"国内唯一取得美国 FDA 认证的肝素钠原料药生产企业"的旗号，海普瑞获得了资本市场的热捧，募集资金净额高达 54.17 亿元。上市第二日，海普瑞股价一夜间飙升至 188 元 / 股，公司市场价值在最高峰时甚至达到 750 亿元，创始人李锂夫妇则以 426.29 亿元的身家晋身内地新首富。

　　然而，在如此震撼性的开场后，海普瑞就开始翻书式的变脸：半个月后，海普瑞股价急转直下降到 136 元 / 股，2010 年第四季度，公司净利润减少了 24.85%。2011 年 4 月，海普瑞股价已经跌破百元，仅仅只有刚上市时股价的 50%，被挤出了"A 股百元股俱乐部"名单，而此时距海普瑞上市还未满周年。2011 年 5 月 6 日，海普瑞收盘价更是仅有 36.2 元 / 股，仅为最高时的 20%，已经沦为 A 股十大熊股之一。到 2012 年上半年时，受营业收入持续 15 个月下滑影响，公司股价跌落了 70%，市值蒸发了 600 亿元。更为严重的是，海普瑞还面临着经营业绩严重缩水、股东疯狂减持以及涉嫌严重关联交易等棘手问题。

　　面对惨不忍睹的市场成绩单，海普瑞解释称，公司在 2011 年受到了全球金融危机的巨大影响，美国和欧盟等重要产品的主要销售区域经济持续低迷。同时，由于依诺肝素制剂和新肝素制剂陆续被美国 FDA 批准仿制，使得行业竞争逐渐加剧。对此说辞，有投资者直言：从上市之初的第一高价股，到业绩利润双下滑导致神话破灭，海普瑞的种种表现向大家证明，海普瑞不是一家有前景的公司，没有长期投资价值。

　　为了挽救雪崩样的业绩，使企业重新走上高速发展的道路，重振投资者信心，2011 年 12 月，海普瑞公布了股权激励计划，股权类型选择了股票期权，激励对象包括公司高管和核心技术人员总计 82 人，并在 2012 年

2 月对该股权激励方案进行了修订。

　　海普瑞此次端出的激励计划所涉股票总数量为 1200 万股，约占海普瑞股本总额的 1.50%，公司将向激励对象定向发行新股，行权价格 29.79元。股权激励方案中明确要求，以 2011 年为基准年，公司 2012 年、2013年和 2014 年的净利润增长率不得低于 15%、45% 和 100%，三年加权平均净资产收益率不得低于 9%、10% 和 11%。

海普瑞股票期权激励计划（草案）（2011 年 12 月）

　　本股票期权激励计划向激励对象授予 1200 万份股票期权，每份股票期权拥有在本激励计划有效期内的可行权日，按照预先确定的行权价格 29.79 元购买 1 股公司股票的权利。

　　向激励对象授予的股票期权所涉及的标的股票总数为 1200 万股，股票来源为公司向激励对象定向发行股票，股票总数约占公司现有股本总额的 1.50%。

　　公司在本激励计划（草案）中，对已明确的 82 名激励对象授予1100 万份股票期权。公司预留 100 万份期权，将授予公司董事会认为对公司有特殊贡献、应被激励的业务骨干。预留期权的激励对象和分配将由董事会在授权日前确定，由监事会核实，并履行相应的披露程序。

　　各行权期绩效考核目标如下表所示：

表 7-1-1 海普瑞股权激励业绩考核指标

行权期	业绩指标
第一个行权期	1. 以 2011 年度经审计的净利润为基数，2012 年净利润增长率不低于 10%； 2. 2012 年加权平均净资产收益率不低于 9%
第二个行权期	1. 以 2011 年度经审计的净利润为基数，2013 年净利润增长率不低于 45%； 2. 2013 年加权平均净资产收益率不低于 10%
第三个行权期	1. 以 2011 年度经审计的净利润为基数，2014 年净利润增长率不低于 100%； 2. 2014 年加权平均净资产收益率不低于 11%

激励对象行使股票期权的资金来源为其在海普瑞工作的薪酬收入及其来源于海普瑞之外的自身其他收入和借款。公司承诺不为激励对象依据本激励计划获得的有关权益提供贷款以及其他任何形式的财务资助，包括为其贷款提供担保。

2013 年 7 月 13 日，海普瑞发布公告称，因市场环境发生较大变化，股权激励计划预计将很难真正达到预期的激励效果，公司决定终止实施后续第二期和第三期股权激励计划，并注销已授予 92 名激励对象的全部 1167 万份股票期权。而不久前，由于 2012 年两项股权激励考核指标都没有达到规定的行权条件，海普瑞第一期股权激励计划已失效。

至此，海普瑞的股权激励计划正式寿终正寝。

神话背后的真相

在海普瑞业绩严重下滑与股权激励受挫的背后，是企业战略、资金运营等方面存在的巨大漏洞，无论哪个环节出现问题，将会牵一发而动全身，直接引发海普瑞内部的"海啸"。

在中医药领域，海普瑞曾经优势明显，高居行业佼佼者的宝座，但是，由于市场环境变化，来自国内外竞争对手的威胁逐步加剧，为了保持领先优势、打造新的竞争力，海普瑞应该选择多元化的发展模式。从投资区域和资本运作角度看，海普瑞在多元化方面做了一定努力，然而，从产品与市场角度观察，海普瑞的多元化成果几近于无。

从 2012 年海普瑞公司年报中可以看出，肝素钠原料药是海普瑞当时唯一的主营业务，因此，海普瑞投入了大笔资金在肝素钠的产业链建设上，但在被投资公司的权益占比不高。销售方面，海普瑞超过 90% 的产品出口欧美，主营业务收入的 90% 来自对海外出口的销售，在国内市场占比较小。

对于任何一家公司来说，如果主营业务偏于单一，销售渠道过于集中，都会给企业带来不可预知的经营风险，加之海普瑞的主营市场都在海外，不可控因素多，更给企业经营平添了几分变数，稍有不慎就会出现业绩崩盘甚至引发公司倒闭的后果。

从主营业务收入来看，海普瑞的营收能力下降与其重要产品的销售市场明显萎缩有不可分割的关系。从 2010 年到 2012 年，中国肝素出口额逐年减少，海普瑞也受此影响。同时，受市场竞争加剧的影响，海普瑞出口额占国内行业出口的比率也逐年下降，海普瑞 2012 年营业收入相比 2010 年大幅减少了 29.37%。

此外，海普瑞在 IPO 时共募得资金 59 亿元，其中 48 亿元属于超募资金，由于并未事先规定相应的投资项目，这笔巨额资金没能得到充分合理的利用，殊为可惜；而原本已有投资目标的 4.83 亿元，后被用于肝素钠原料药的生产建设项目上，但该项目却迟迟未闻建成的讯息。如此一来，海普瑞当初募集的资金，三年间竟然有 45 亿元左右被闲置，这在资本市场上简直是难以想象的。

在制订激励计划时，海普瑞所参考的绩效数据并不能代表自身的实际状况，同时，海普瑞还严重忽略了受大环境影响之下的业绩变化，导致其设置的行权条件极其不合理。

比如，激励计划的第一期行权条件规定：公司 2012 年净利润增长率不得低于 15%；2012 年加权平均净资产收益率不得低于 9%。但从 2011 年开始，海普瑞净利润出现下滑，2012 年的净利润增长率仅有 0.37%，比前三年均值减少了 25582 万元，没能达到行权条件的规定要求。同时，2012 年海普瑞加权平均净资产收益率仅为 7.99%，不仅低于 9% 的考核标准，甚至还比前一年减少了 0.02%，同样未满足行权条件。

事实上，从 2011 年开始，整个中国的肝素行业出口量与出口额都出现了负增长，表明肝素的盈利能力呈现下降趋势。但在整个行业萎缩的背景下，海普瑞却制定了"净利润增长不低于 15%"的过高行权条件，十分不切合实际，最终直接导致股权激励失败，激励目的也全部落空。

专家点评

股权的价值性是激励方案的出发点

※ 通过对海普瑞案例的深入分析，前海股权事务所、中力知识科技认为，其股权激励的实施之所以失败，主要有以下几方面原因：

1. 在行业下滑的大背景下，海普瑞在产品、营销等方面缺乏有效的改善措施，导致公司业绩不振、增长乏力，激励对象也对企业前途失去了信心，核心技术人员相继离职，这是导致海普瑞股权激励计划失败的根本原因；

2. 海普瑞未考虑到行业下滑的背景因素，其股权激励计划中所设定的行权条件显得偏高，员工难以达成激励目标，直接导致每一批股权到期时均无法行权，这是导致股权激励计划失败的直接原因；

3.海普瑞通过IPO募集到的大量资金没有及时有效地运用到企业的快速发展上或外部投资上，导致资金闲置，"守着粮仓饿肚子"，这说明激励对象对股权激励方案的认知存在不足，激励对象自身的定位出现差异。

※ 针对上述问题，前海股权事务所、中力知识科技建议：

对于上市公司来说，如何保证企业持续、高速地发展，始终是摆在经营层面前的根本问题，IPO、融资、股权激励等等，都只是实现这个目标的手段。对于海普瑞而言，要想使股权激励计划达到预期效果，在做股权激励之前，一定要首先解决企业的发展问题。

1.建议海普瑞进一步做好企业的战略发展规划，特别是产品、营销方面的系统规划，以解决产品和营销渠道的单一性问题，保障企业持续快速发展；

2.未来海普瑞应好好思考企业的商业模式如何优化升级，充分运用好募集到的资金，在保障企业稳定发展的基础上，实现跨越式发展。

※ 知识点提炼：

股权激励一定要从股权的价值性这个出发点去思考，当企业股权的价值不能增长甚至开始下滑时，股权激励失败就是必然的结果。所以，我们一直强调：股权激励要基于企业的顶层设计，其中的商业模式、战略规划等因素直接体现了股权的价值性；因为商业模式和战略规划决定了员工奋斗的大方向，股权激励就是激励大家努力去达成这个大方向，如果商业模式和战略规划本身难以支撑企业战略目标的实现，激励对象看不到实现目标的可能性，股权激励就失去了根基。

第二节 苏宁：
计划总是赶不上变化的股权激励

苏宁是中国首屈一指的大型商业上市企业，截至 2016 年 3 月，苏宁已推行了三次股权激励计划，但三次均以失败告终，这种情况在 A 股历史上颇为少见。作为一家在零售领域颇具标杆意义的企业，苏宁的股权激励实践广受业内外关注，本节将深入分析苏宁股权激励失败背后的真正原因，希望能为其他上市公司提供借鉴。

飞涨的业绩与滞后的激励

苏宁创立于 1990 年，总部设在江苏南京，是中国连锁零售企业中的领先者。2004 年 7 月，苏宁电器在深交所挂牌上市，得到资本市场的大力追捧，并快速发展成为全球家电连锁业市值最高的企业。2009 年，苏宁以"营销变革"为口号，不断创新营销与服务模式，走出了一条"全品类经营＋全渠道拓展"的新道路。2013 年，苏宁电器更名为"苏宁云商"，并描绘了"一体两翼互联网零售路线图"的宏伟蓝图，正式开启了 O2O 融合发展之路。2015 年，苏宁的第三方物流服务平台和新一代互联网云店陆续向公众开放营业。

2016 年"中国 500 最具价值品牌"榜上，苏宁以 1582.68 亿元的品牌价值，位列第 13 名并居零售业首位；2017 年发布的《财富》世界 500 强排行榜中，苏宁名列第 485 位；2017 年全国工商联发布的"2017 中国民营企业 500 强"榜单里，苏宁以 4129.51 亿元的年营业收入位列第二。

根据不同时期的发展需求，苏宁不断调整战略架构，以专业化分工、系统化集成为原则，逐渐形成了总部集中管理、终端严格执行的管理模式。在这种管理模式下，总部管理层、总部经营层和地区执行层分工明确，总部是企业发展战略规划的决策机构，各门店及区域公司是执行者。从公司长远发展的角度看，管理层团队对于公司转型战略的执行起着重要作用，而区域公司负责人和优秀门店店长则影响着总部决策的执行程度，因此，必要且必须对他们进行有效激励。

苏宁早在多年前就已意识到人才激励的重要性，苏宁深知，在飞速发展的时代，人才是公司最大的财富。因此，人力资源管理问题一直是苏宁经营管理战略的重要内容。但在实际解决人才问题的过程中，苏宁还是遇到了诸多问题。

由于处于传统行业且历史形成的原因，零售行业相关从业者的薪资不高，零售业高管的薪酬也一直在全国各行业平均线之下，且这种差距还在进一步拉大。苏宁虽然是我国家电零售行业的龙头，但其高管层及员工的平均薪酬同样很难摆脱这个魔咒，在实施股权激励以前，苏宁高管团队的平均年薪仅仅只有 7.11 万元，这种较低的薪酬直接导致了苏宁的人才流失严重的现象。

为了进一步调动团队的积极性，将员工、股东和公司的利益统一起来，助力企业的长远发展，苏宁自 2007 年开启了其一波三折的股权激励之路。

考虑不周，股权激励事与愿违

2006 年，苏宁开始酝酿推行首次股权激励。2007 年 1 月 29 日，苏宁经董事会审议通过了第一次股权激励计划，拟授予 34 名公司高管人员 2200 万份股票期权，占激励计划公告日公司股本总额的 3.05%，首次授予 1851 万份，行权价格为 66.60 元。遗憾的是，本次股权激励因行权条件过于宽松，最终未获监管部门通过。

一次的失败并未打消苏宁对于股权激励的热情，2008 年 7 月 28 日，苏宁通过公司公告对外发布第二次股权激励计划。然而，计划赶不上变化，2008 年全球范围的金融危机爆发，世界经济形势发生巨大变化。在此大背景下，苏宁于 12 月 30 日对外公告，宣布终止此次股权激励计划。

发布终止公告当日，苏宁股价已跌至 18.10 元，与第二次股权激励公告日的股价 46.17 元相比，下跌了约 39.2%，与行权价格 58 元相比，下跌了约 68.8%。当股价已经与行权价产生相当大的差距，股票激励计划也丧失了行权意义，第二次股权激励方案再次以失败收场。

2010 年是苏宁创建 20 周年，在这个特殊的时间点，苏宁制定了面向未来 10 年的长远发展规划，股权激励也被苏宁视为这份 20 周年工作计划的重要组成部分。

2010 年 8 月 25 日，苏宁推出第三次股权激励计划草案，激励对象是 248 位公司高管和业务骨干，拟授予股票期权 8469 万份，占公司当时总股本的 1.21%；该激励草案的股票来源是向激励对象定向发行股票，行权价格为 14.5 元，在股票授权日起五年内分 4 期行权，每期行权 25%。

苏宁电器《2010 年股票期权激励计划（草案）》（2010 年 8 月 25 日）

苏宁电器 2010 年股票期权激励计划拟授予激励对象 8,469 万份股票期权，每份股票期权拥有在激励计划有效期内的可行权日以行权价格和行权条件购买一股公司股票的权利。本激励计划的股票来源为公司向激励对象定向发行股票。

本次激励计划拟授予的股票期权涉及的标的股票总数为 8,469 万股，占激励计划公告日公司股本总额 6,996,211,866 股的 1.21%。

本次授予的 8,469 万份股票期权的行权价格为 14.50 元；

行权条件如下：

表 7-2-1 苏宁第三次股权激励行权条件

行权期	行权条件
第一个行权期	2010 年度销售收入较 2009 年增长率不低于 20%，且归属于上市公司股东的净利润较 2009 年度增长率不低于 25%；
第二个行权期	2011 年度销售收入较 2009 年复合增长率不低于 20%，且归属于上市公司股东的净利润较 2009 年度复合增长率不低于 25%；
第三个行权期	2012 年度销售收入较 2009 年复合增长率不低于 20%，且归属于上市公司股东的净利润较 2009 年度复合增长率不低于 25%；
第四个行权期	2013 年度销售收入较 2009 年复合增长率不低于 20%，且归属于上市公司股东的净利润较 2009 年度复合增长率不低于 25%。

但是，到了 2010 年年底，激励对象 248 人中就已经有 4 人选择离职。2016 年 3 月，苏宁对外公告第三次股权激励计划终止，且在有效期内无激励对象行权。至此，众所瞩目的第三次股权激励计划宣告失败。

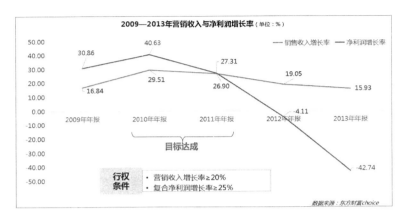

图 7-2-1 苏宁第三次股权激励行权目标达成情况

从苏宁的三次股权激励——尤其是第三次股权激励中，我们可以为其失败整理总结出以下几方面原因。

首先，苏宁没有对宏观环境及行业趋势进行正确评估，股权激励的时机选择不当。

苏宁 2008 年推行第二次股权激励时，正值金融危机在全球蔓延，在世界经济形势动荡，国内经济波动起伏的背景下，苏宁的股权激励面临着各种不利因素的考验与干扰，最终本次计划被迫终止也并不令人意外。

苏宁 2010 年实施第三次股权激励时，全国范围内都在全力执行"家电下乡"政策，由于国家层面对消费拉动内需的重视，以及城镇化进程的提速，都对苏宁的股权激励计划起到了积极的促进作用。然而，2012 年以后，家电下乡政策红利消失，国家转而关注互联网平台的建设与发展，而此时苏宁的最大竞争对手京东也拉开了价格大战的序幕，其他小电商也瞅准时机纷纷抢夺市场份额，面对来自宏观环境与行业内部和极大压力，苏宁 2010 年的股权激励方案却没有正确分析和判断未来市场趋势，使得股权激励推行的效果大打折扣。

其次，苏宁对股权激励对象的考虑不全面，对象的选择不尽合理。

苏宁在被激励的中层管理人员时，是由公司实际控制人张近东单方面做出的决定，并没有制定明确的选择标准。这难免会让未进入激励名单的员工心生不满，产生消极怠工的心理，破坏公司内部的和谐，不利于企业发展。同时，苏宁对激励对象的授予只具体到了个人，而非职位，无法动态化转变。

此外，苏宁股权激励计划涉及的人数和范围略显不足。在第三次股权激励方案中，248 名激励对象仅占公司全体成员人数的 0.38%，占管理人员总数的 1%，这种较低比例的激励难以促进企业效率和业绩的提升。

再次，苏宁股权激励计划的考核指标稍显单一，考核体系尚待完善。

苏宁主要采用每股收益、净利润、销售收入等简单的财务指标作为股权激励考核条件，虽然也引入了工作态度和服务满意度等非财务类的考核指标，但仍然略显单薄，缺少科学合理性，很难形成系统具体的考核规范，易导致员工不清楚未来努力的方向。

根据苏宁三次股权激励方案，苏宁对工作业绩和工作态度重视比例为 7:3，员工只有在评价结果大于 80 分的情况下才可以行权。然而，苏宁的评分机构是薪酬考核委员会，其成员大多由公司高管直接分派，由于高管对评分组织具有限制性，评分组织可能因此作出有失公允的评价，使员工因不公对待产生消极怠工心理。

最后，苏宁没有考虑到市场因素，股权激励的行权价格制定存在问题。

行权价格的制定是股权激励模式的核心之一，能直接影响激励对象的实际收益，其价格高低对于股权激励计划的成功与否影响重大。然而，苏宁的股权激励方案中，确定行权价格的决定因素仅是股权的行权价格不得低于股票收盘价和平均收盘价的较高者，在我国股市还处于弱有效阶段、证券市场变幻莫测的背景下，这种行权结构的决定方式显然缺乏合理性。

而且，在我国股票市场，股价并不能完全反映企业的真实价值，行权价格或高或低的状况极易发生，直接影响到激励效果。比如，苏宁第三次股权激励方案中确定的行权价格为 14.50 元，结合行业平均值来看，这个价格相对较高。而行权价格偏高会使员工有遥不可及之感，无法激发员工的斗志，对企业的收入增长造成负面的影响。相反，假如行权价格较低，则会导致激励对象轻而易举地达成目标，背离了股权激励的出发点，员工也会安于现状，失去上进心和斗志。

专家点评

股权激励方案要注重系统性

※ 前海股权事务所、中力知识科技认为，提升苏宁的股权激励效果可从以下几方面入手：

1. 掌握宏观及行业趋势，选择合适的股权激励时机。

当周遭环境发生极大改变时，企业应该顺应趋势，提前制定有效的应对策略，抓住危机背后的机遇。在瞬息万变的市场竞争中，企业只有适应市场环境的改变，及时有效地抵御竞争对手以及外部环境的冲击，才能保证股权激励计划的顺利推行，业绩也才会不断增长。

2. 科学制定行权标准。

公司的业绩指标与股权激励计划的行权标准密切相关。如果行权标准太低，激励对象较容易实现目标，就无法达到激励的目的；假如行权标准太高，激励对象即便付出很大努力也未必可以达到，则会导致激励对象丧失工作信心与斗志。

另外，在苏宁快速拓展市场的过程中，已经暴露出资金短缺、财务风险较高等一系列问题，苏宁可将与以上问题直接相关的财务比率作为管理人员行权条件指标，并加强、改善这些指标，以逐步解决公司扩张道路上面临的现实问题。

3.结合环境因素，改善绩效考核方法。

有效的激励计划，除了使用传统的财务指标，还应包含非财务指标，也可适当引用目前较为常用的平衡计分卡评价体系，全面考察员工素质。

在个人绩效考核指标方面，应充分结合员工岗位与工作特点来制定。比如，对于高管人员，主要考虑公司绩效，具体指标可定为每股收益、净利润等；对于中层管理人员，可采用部门绩效，比如以部门销售收入为考核指标；技术人员的职责是新产品或技术的研发，可尝试引入专利数量等指标。

※ 知识点提炼：

在做股权激励时，应注意以下几点：把握大势，踩准节拍；行权标准，不偏不倚；考核指标，系统全面。

第三节 万科：

地产老大的股权激励征程

万科是我国当前规模最大、各类综合指标表现最好的房地产企业之一。在中国房地产开发的历史上，万科既是开创者也是亲历者，更是纪录保持者，其行业老大的地位无人可动摇。

然而，长期以来，万科有一个始终无法回避的隐患，那就是股权架构过于分散。分散的股权结构给万科带来了一系列的问题与危机，亟需一套完备的监督与激励制度来解决。

1993年至2016年间，万科三次尝试股权激励，却三次因种种内外部因素而失败收场，其间的过程正成为我国股权激励实施之曲折进程的真实写照。

作为我国首批上市的公司之一，同时也是首个宣布实行股权激励的企业，无论从公司实力还是从实施经验来说，万科的股权激励实践都具有很高的参考及借鉴价值。

股权分散，万科的难言之隐

在很多人眼中，大众持股已成为万科的典型特征，但事实上，这又何尝不是一种无奈的选择。万科股权的分散程度在中国证券市场上极为少见，而股权分散正是万科推动大众持股的主要原因。数据显示，1993年到 1997 年，万科最大股东持股比例一直低于 9%，2000 年以前，万科前十大股东持股比例合计还不到 24%。

万科多年来一直宣称公司不存在控股股东及实际控制人。诚然，股权分散必然会导致公司对股东缺乏约束力，加之万科经营权与所有权完全分离，经营者与所有者的利益自然无法统一，管理层为了自己的私利而损害股东权益的可能也就难以杜绝。

从组织结构上看，万科的管理体系分为三个层次，最上一层是集团总部，集团总部之下是过渡的管理层次——区域总部，区域总部之下则是按照城市设置的一线公司。集团总部负责企业战略及投融资、财务人事等大方向的制定管控，区域总部代表集团总部对一线公司进行指导管理，一线公司在具体运营上拥有很大的自主权。

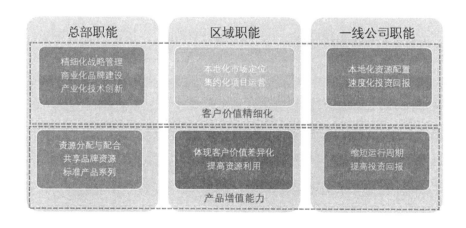

图 7-3-1 万科的三级管理架构

由于万科的人员组织规模庞大，这种清晰明确的管理模式，有利提升各部门工作生产效率。但不可否认，过于分散的股权结构，容易造成上级集团总部与下级区域公司之间的代理竞争，同时也极易加剧管理者与股东之间在收益分配上的分歧。

与其他房地产知名企业相比，万科的高管层与核心技术人员的薪酬相对较低，由于经济趋势变化以及公司业绩波动，万科员工在近年的薪酬涨幅非常有限。实施股权激励之前，万科的社会影响力虽然在房地产业内占优势地位，但其高管却并未持有公司股份。长期以来，万科以成功的企业文化驱动着公司快速发展，也维系了员工与公司之间的心灵羁绊。但是在市场竞争日益激烈、人力资本的价值日益昂贵的背景下，仅靠理想主义式的精神激励法已经不能满足员工个人发展的需要，万科发现，实施股权激励对公司人才团队的稳定具有巨大意义。

无论是分散的股权结构所带来的矛盾，还是组织结构上存在的分歧，都需要一套兼具监督与奖励作用的系统机制予以解决，股权激励恰好具备这两项功能。股权激励既可以使高管与股东的利益保持一致，同时也能对各区域管理层进行更切实有效的约束与激励——对于万科来说，股权激励的实施显然已是势在必行。

人员流失，激励计划且行且败

20 世纪 90 年代初，万科曾计划从 1993 年至 2001 年实施一个为期九年的员工持股计划，拟向全体员工发行 B 股股票，以三年为单位分三个阶段推行，还特地从香港请来专业律师协助实施。但是，由于当时的持股计划得不到相关法律的支持，被证监会严令叫停，万科的首次股权激励就此搁置。

2005 年年底，证监会正式发布国内股权激励的相关管理办法，股权激励实施从此有规可循，国内上市公司对股权激励的热情也开始水涨船高。尤其是随着此后一系列法律法规的陆续出台，为股权激励在国内的实施创造了完整的法律环境，股权激励在我国上市公司中的推广从此进入了快车道。万科也希望借助这股东风，通过股权激励充分激发优秀人才创造价值的能力，为公司未来发展提供新动能。

2006 年 3 月 21 日，万科公布了第二次限制性股票激励方案，本次股权激励为期三年，激励对象是大约 160 名万科员工。从此，时任万科董事长的王石与其管理团队在职业经理人之外又多了一个新身份——股东；万科也由此首开先河，成为中国第一家实施股权激励的主板上市的公司。

表 7-3-1 万科 2006—2008 年公司业绩

年份	2006	2007	2008
净利润增长率	59.56	116.67	−15.61
净资产收益率 ROE	14.48	16.55	12.65
每股收益增长率 EPS	35.81	89.47	−17.78

虽然万科 2006 年的市场业绩表现不俗，但接下来的 2007 年和 2008 年两年，公司相关业绩指标均未达到行权要求。万科的第二次股权激励虽历时三年，最终仍无奈终止。随后，万科抛售了用于激励的全部股票，正式宣告了此次股权激励的失败。

在此时期，华润以第一大股东身份正式进驻万科，此后由于万科与华润的整合彻底失败，因持股比例小而导致话语权旁落的万科管理层遇到难题。

2010 年，随着"新国十条"颁布，国家再次对房地产行业展开宏观调控。密集而严格的政策要求让房地产企业的管理人员压力倍增，人才流失非常严重。万科也不例外，公司许多管理人员纷纷选择了离职。

2010 年 10 月，万科第三度推出股权激励计划，股票来源为定向发行新股，股票总数 11000 万份，占公司股本总额的 1%。本次股权激励对象为 838 名万科管理层，占万科员工总人数的 3.88%。2011 年 4 月，股权激励方案正式向股东大会提交，为期五年的新一轮股权激励拉开了序幕。

万科《A 股股票期权激励计划（草案修订稿）摘要》（2011 年 4 月）

本计划的股票来源为公司向激励对象定向发行股票。

公司拟向激励对象授予总量 11000 万份的股票期权，占授予时公司股本总额的 1.0004%。

本计划的激励对象为于公司受薪的董事、高级管理人员、核心业务人员，不包括独立董事、监事和持股 5% 以上的主要股东。也不包括持股 5% 以上的主要股东或实际控制人，或其配偶及其直系近亲属。本计划的激励对象总人数为 838 人，占公司目前在册员工总数的 3.88%。

本计划授予的股票期权的行权价格为 8.89 元。

股票期权行权的业绩指标包括：（1）全面摊薄净资产收益率（ROE）；（2）归属于上市公司股东的净利润增长率（净利润增长率）。

股票期权行权的具体条件：（1）本计划有效期内各年度归属于上市公司股东的净利润及归属于上市公司股东的扣除非经常性损益的净利润不得低于授权日前最近三个会计年度的平均水平且不得为负；

（2）授予的 11000 万份期权各行权期可行权的条件：

表 7-3-2 万科第三次股权激励行权条件

行权期	行权比例	行权条件
第一个行权期	40%	T 年 ROE 不低于 14%，T 年较 T-1 年的净利润增长率不低于 20%
第二个行权期	30%	T+1 年 ROE 不低于 14.5%，T+1 年较 T-1 年的净利润增长率不低于 45%
第三个行权期	30%	T+2 年 ROE 不低于 15%，T+2 年较 T-1 年的净利润增长率不低于 75%

第三次激励计划启动后不久，万科管理层内部发生了前所未有的震荡：短短两年不到，已有 4 名执行副总裁和 3 名副总裁离开公司，占万科 2010 年公示的副总裁及执行副总裁总人数的 50%。

高级管理人员的离职不仅是公司人力资源上的重大损失，还极易在公司内部渲染传播恐慌情绪，严重影响员工士气与团队稳定。果不其然，2011 年和 2012 年，授予员工的大量股票期权没有行权，1649 万份期权失效，占期权总份额的 15%。截至第三次激励计划推行的第四年，万科的核心人员离职率已超过 35%。

股权激励本是旨在维护管理层团结稳定、刺激公司业绩增长的有效机制，却在实施之后导致万科管理层人员大量流失，连带公司股价出现异常性波动——万科的第三次股权激励再度带着遗憾落幕。

设计失败，股权失去吸引力

通过仔细分析万科数次股权激励——尤其是第三次股权激励失败的原因，有助于我们全面了解和把握股权激励在设计、授予、等待、行权等一系列流程中所需要关注与避免的关键要素，指导其他同行业或同类型公司今后的股权激励方案设计。

总体上看，万科的股权激励主要存在以下问题。

首先是时机选择的问题。企业的发展就像人一样，也有自己的生命周期，不同的生命周期中，企业所采用的股权激励方案也应有所不同。因此，在制定方案时，必须先界定和判断企业属于何种发展时期，再根据自身发展现状设计适合的股权激励方案。

经过在房地产业 10 多年的辛苦经营，不管是雄厚的资本还是骄人的业绩，都在说明万科已经进入企业发展成熟期，在此时期万科应将发展重心转向打造核心竞争力。而在当今时代，一个企业的核心竞争力越来越表现为对人才的培养、运用和保有能力。因此，万科应看准时机推出有效的股权激励方案。在 2007 年至 2008 年第二次股权激励实施过程中，当激励计划暴露出诸多不足时，万科却没能及时作出针对性调整，而是直到两年之后，才推出一个对员工来说并不友好的方案，让这些高管很难"笑纳"。

其次，万科的几次股权激励均存在不同程度的方案设计问题。股权激励能否发挥有效的激励与制约作用，方案的设计至关重要，而从股票来源、激励方式、行权条件和业绩考核等要素看，万科的方案设计均存在缺陷。

万科第三次激励的股票来源是向激励对象定向发行股票。事实上，股东或许并不认为定向增发新股是一个最佳选项，他们更有可能担心所持股份比例被稀释，削弱自身的管理和控制权。相比之下，限制性股票激励更符合万科当时的实际与需求，还能为激励对象节省大量的购股成本。

以时任万科执行副总裁刘爱明为例，第三次股权激励中，刘爱明获授 220 万份期权，按照行权价 8.89 元计算，他需在四年内自筹近 2000 万元。然而，刘爱明 2007 年至 2010 年年薪累计约 1200 万元，与其所需全部行权资金相差甚远。我国相关法规明文规定，激励对象用于购买股权的个人资金若不充足，公司不能为其提供财务上的帮助。基于以上理由，很少有人肯冒着风险把资金全部投入公司的股权激励，激励效果自然难以显现。

万科第三次股权激励要求每年净利润增长率需达到 20%、25%、30%，而第三次激励期间，万科平均净利润增长率约为 40%，高峰时甚至超过 60%——很显然，对高管来说，20%–30% 的行权条件太过轻松，根本不存在任何实现难度，股权激励的激励作用完全无用武之地。

从行权价格的角度看，房地产属于波动性强、极易受外部因素影响的行业，就连股东也很难控制公司股价的涨跌，因此，对万科这种房地产上市公司的股价提出明确要求其实意义甚微。

最后，万科股权激励计划的目的性不纯。尤其在第三次股权激励中，万科管理层有借激励计划强化控制权的嫌疑。

2015 年 7 月至 2017 年 1 月发生的控制权之争，于万科而言无疑是个惨痛的教训。多年来，由于股权过于分散，万科一直致力于强化管理层对公司的控制，也采取了各种方式以稳定控制权。从这个角度思考，万科制订第三次股权激励计划的初衷，或许并不全是为了激励公司经营业绩增长，不能排除万科管理层希望借此增加持股比例、增强自身控制权的可能。

专家点评

股权激励也要因时制宜、量体裁衣

※ 前海股权事务所、中力知识科技认为，要想让万科的股权激励计划发挥更好的效果，可从以下几方面入手：

1.完善股权激励方案的考核条件。

在制定激励方案的考核指标时，企业应综合考虑多方面因素，采取多元化的评价指标，使业绩评价更加科学合理。非财务指标也是股权激励方案中非常重要的考核指标，可在判断行权条件时，将财务指标与非财务指标相结合，形成综合性业绩考核体系。

2.设立合理的行权期限。

股权激励期限是影响股权激励方案执行效果的重要因素。结合万科自身实际，可适当延长行权有效期，以提升股票期权的时间价值，同时增加激励对象的行权可能。

3.依据实际情况选择不同的股权激励模式。

从资金来源来说，激励对象一般使用的是自有资金，行权时会给被激励对象带来一定经济压力，更重要的是，许多高管往往难以承担高昂的行权成本。因此，万科在考虑激励计划的资金来源时应综合资金状况、股权额度及激励对象的实际支付能力，在保持约束力的同时，促进激励效果的顺利达成。

成熟期公司常采用限制性股票的模式，一方面管理层不用支付大量现金购买股票，减少了支付压力；另一方面还能促使管理层关注公司长远利益；股票期权的模式则比较适用于成长期公司，既可避免公司即时支付现金，又能有效地激励管理层。

※ 知识点提炼：

由于激励对象个性化因素多且复杂，股权激励的数量分配须"从上而下"与"从下而上"相结合：

1."从上而下"，即先确定各层级总量，然后按照公式计算分配个量；

2."从下而上"即第一次确定个量之后，由公司领导根据激励对象实际情况进行适当调整；

3.调整后进行第二次测算，最终确定分配个量。

总之，在设计股权激励分配方式时，应根据企业实际情况和需求灵活运用。

第四节 乐视：

融资后员工股权化"泡影"

2015 年 11 月，乐视在获得一笔融资后，为了达到最大限度激励员工的目的，贾跃亭提出实施"全员持股"计划。这次股权激励的门槛很低，凡是公司业绩考核过关且认可公司价值观、无重大违规行为的人都在参与行列。而且员工不需要出资，离职时还能带走一半股份。

这样的股权激励惹人心动却又可望而不可即，因为股权激励的兑现要等到 2022 年的乐视控股上市，这期间存在许多变数。任何一次引入新的资本，都有可能击碎贾跃亭这次一拍脑袋想出来的"造福梦"。事实也是如此，随着融创中国入股乐视，这场人人持股的股权激励方案归于流产。

"大跃进"下的"造富梦"

作为乐视的掌舵者，贾跃亭是一个喜欢"颠覆"的人。乐视从成立之初，就显示出与众不同的一面。2010 年在国内创业板上市之后，以视频网站为起点，逐渐延伸到影视制作、电视、汽车、手机、体育、音乐甚至农业等多个领域。

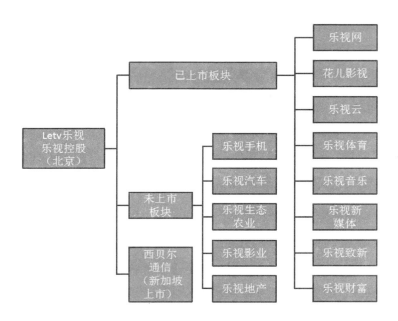

图 7-4-1 乐视体系业务资产构成

贾跃亭常用"颠覆"、"传奇"等词汇，来形容他所领导的这场创业。2015 年 11 月 18 日，乐视控股集团向全体员工宣布推出的全员持股计划，无疑也是一场"颠覆式"的股权激励。乐视宣布，拿出原始总股本的 50% 激励员工。激励人员范围广、用于激励的股权总量大、几乎不需员工出资、离职还可"带走"一半，这些关键点一度被舆论解读为"史上最慷慨"股权激励。

乐视自上市后每两年就会进行一次基于上市公司平台的股权激励，并且激励总量、激励范围都相当惊人。2015 年贾跃亭打造的这个全员持股计划，有过之而无不及。

通常的股权激励方案中，极少公司会采取全员持股的方案，并且通常方案中对如何进入激励范围会有较为严格的规定和明确出资要求。而乐视此次全员持股计划，获得全员激励的门槛条件仅为：第一，只需要在上一个考核期绩效为 B 及以上的正式员工；第二，对乐视生态文化/价值观/愿景高度认同；第三，在职期间无重大违规、违纪、贪腐等行为。

根据公司的规划，乐视控股预计在 2022 年实现 IPO，并估算届时市值达到 1.7 万亿元。按照这样的口径进行计算，一旦乐视控股上市，员工人均身家将达到 8000 万元之巨。贾跃亭的慷慨确实一度赢得了员工的热情和敬意。然而，这次股权激励仅仅一年多之后就宣告失败。

引入新资本，"造富梦"破碎

在同员工们签署了全员持股协议一周后的 2015 年 11 月 26 日，贾跃亭发布题为《主宰自己，蒙眼狂奔，就会成为最亮那颗星》的全体员工公开信，其中提到"乐视移动已经完成首轮 5.3 亿美元融资"的利好消息。

事实上，乐视资金紧张，在业内已经不是秘密。其危机的根源在于其多元化战略，业务战线拉得太长，走得太快。多元化战略是把双刃剑，乐视的多元化不仅没有带来盈利，反而沦为一个个资金黑洞。除了乐视网，乐视非上市体系的公司中，乐视体育、乐视影业、乐视汽车等都高度依赖外部融资，融资总额已有数百亿。

过去几年，风险投资到处寻找风口上的项目，乐视各项业务都很容易就融得大量资金。随着风投热潮退去，乐视这种疯狂烧钱的粗放式扩张模式不再受到青睐，加上自身少有真正盈利的业务，其资金链紧张甚至断裂是迟早的事。

2017 年 1 月，融创中国董事局主席孙宏斌如同"白衣侠士"，以 150.41 亿元的大手笔支持乐视。作为交换，乐视控股将乐视网及鑫乐资产所持有的乐视致新 10% 和 15% 的股权大约 50 亿元卖给融创中国。而鑫乐资产正是乐视员工的持股平台，但转让股份所得的资金约 26.48 亿元并未归员工所有。

贾跃亭原本要卖出乐视控股所持有的乐视致新股权，但这部分股权被质押，遂"转借"鑫乐资产持有的乐视致新股权，出售给融创。此后贾跃亭手中的资产、股份被冻结，鑫乐资产借出的股份已经再难拿回。

表 7-4-1 乐视系公司股权质押现况

公司	质权人	出质股权数	出质日期	注册资本数占比（%）
乐视汽车（北京有限公司）	北京银叶金宏投资合伙企业	800 万元	2017.06.16	80
乐视体育文化产业发展（北京）有限公司	平安银行股份有限公司北京分行	2257 万元	2016.12.07	4.63
乐视体育文化产业发展（北京）有限公司	深圳市鑫根下一代颠覆性技术并购基金壹号投资合伙企业（有限合伙）	1.155 亿元	2015.09.28	23.71
乐视体育文化产业发展（北京）有限公司	深圳英大资本管理有限公司	5943 万元	2016.07.06	12.20
乐视致新电子科技（天津）有限公司	中航信托股份有限公司	2618 万元	2017.03.01.	8.38
乐视致新电子科技（天津）有限公司	中国民生信托有限公司	3125 万元	2017.03.09.	10.00
乐视致新电子科技（天津）有限公司	交通银行股份有限公司北京宣武支行	500 万元	2017.07.03	1.60
乐视致新电子科技（天津）有限公司	北京国际信托股份有限公司	97.40 万元	2017.06.07	0.32
乐视致新电子科技（天津）有限公司	北京国际信托股份有限公司	312.50 万元	2017.06.12	1.00

表 7-4-1 续

公司	质权人	出质股权数	出质日期	注册资本数占比（%）
乐视云计算有限公司	重庆战略性新兴产业乐视云专项股权投资基金合伙企业（有限合伙）	2.65 亿元	2016.02.05	33.33
乐视创景科技（北京）有限公司	上海乐昱创业投资管理中心（有限合伙）	226.50 万元	2017.06.29	39.63
北京财富时代置业有限公司	中信银行股份有限公司总行营业部	10.10 亿元	2016.11.18	100
北京百鼎新世纪商业管理有限公司	中信银行股份有限公司总行营业部	3000 万元	2016.11.21	100

　　随着资本层面的变动，乐视高层也出现了大规模变更，贾跃亭打造的这一全员持股计划必然作废。而且孙宏斌的出手，并没有缓解乐视资金紧张的问题。在抵押资产尚能覆盖债务的情况下，银行还在申请冻结抵押资产，表明乐视系已是危机四伏。

　　乐视此次股权激励计划的流产，固然与公司的发展状况、发展模式有关，但就股权激励计划本身来说，就存在极大的问题。

　　首先，股权激励范围并非越大越好。股权是稀缺的资源，应该给那些能够跟企业绑定在一起长期走下去的核心骨干和关键人才。根据"二八理论"，20% 的人创造了 80% 的价值，企业应该把控好激励范围，把股权分给创造主要价值的"20% 的人员"，尤其是对于成长性公司来说更是如此。

　　其次，实施股权激励却不需要员工出资。原则上，无论是直接持有经营主体如乐视致新的股权，还是间接持有"有限合伙"持股平台如鑫乐资产的股权，都是需要按照股权的价值出资购买的，而且每股价格不应低于每股净资产。否则，将会给企业后续融资、上市造成障碍。而乐视股权激励数量之大，将会给企业未来的发展带来极大隐患。

最后，员工离职将股权带走风险大。原则上，对于非上市公司，员工离职应按约定条款由大股东回收股份，以免出现未来公司融资、上市时难以厘清"股东关系"。因为这样的原因导致公司上市、融资搁浅或战线拉长的案例屡见不鲜。

对于创业公司来说，老板通过"散股聚人"的慷慨心态固然值得肯定，但从公司长远发展来看，一套科学而具有实操性的股权激励方案，比一拍脑袋想当然的方案更具有更大的作用。

专家点评

究竟有没有可能"全员持股"？

※ **针对乐视实施股权激励存在的问题，前海股权事务所、中力知识科技认为：**

互联网企业在打造生态系统的时候，往往需要靠融资维持企业生存。融资过程中，投资方对股权的比例是非常敏感的。乐视推出的全员持股计划中，公司50%的股份将授予全体员工，看似是一个非常完美的股权激励计划，但是实际上却是有很多的不现实的地方。整个股权激励计划都是建立在梦想和泡沫之上，贾跃亭的梦想与蓝图之大，造就了一个随时可能破灭的泡沫。员工在激动之余，没有清晰的业绩导向，并不能起到很好的激励和约束作用，最终股权激励还是走向失败。

基于顶层设计的股权激励要求企业在制定股权激励计划时，不仅要科学规范，有章可循，更要同企业发展的商业模式、公司治理、股权架构以及增资扩股情况结合起来，成为公司可持续发展的一部分。股权激励绝不是老板一拍脑袋想出来的"招数"，更不是老板用来"算计"员工的办法。任何企业都要把股权激励方案纳入公司发展战略规划中，要从公司的长远发展和永续经营的角度考虑。

"全员持股"在互联网公司并不是首例，但行权条件是七年后把企业做上市，未免时间长、要求高、难度大，像在给员工"画饼充饥"一样。如果能按照项目制订激励计划，比如某个项目完成后将获得怎样的奖励，给员工一些实在的利益，反而有利于调动员工的积极性。对公司来说，也许能从困境中崛起。

※ 知识点提炼：

股权激励是企业转型升级、吸引和凝聚人才的利器，但它也是一把双刃剑，用得好，可以实现多方共赢，用得不好会适得其反，不仅达不到激励员工的作用，反而导致员工流失。

在实施股权激励时，要避免以下几个误区：

误区一：股权激励一试就灵，用它能解决企业的所有问题。

影响企业运营与发展的因素是多种多样的，比如行业大环境、国家政策、市场变化以及企业的商业模式等等，因此，应该理性地理解股权激励的作用，不应认为它无所不能，甚至利用它来给员工"摊大饼"。

误区二：把股权激励当成是对员工的一种施舍。

股权激励是对努力为企业创造价值的员工的一种回馈。通过股权激励使员工可以参与企业决策、分享企业利润，从而以主人翁的态度来工作，成为与企业共担风险的统一体。

误区三：只谈股权激励物质刺激的一面。

很多企业家把股权激励当成是一种物质性的激励手段，一味地对激励对象强调股权的金钱价值，却忽视了公司企业文化的一面。很多时候，往往精神层面的东西是重要的。

股权激励是一种"共创、共享、共担"的机制，其中，共创是前提，共担是过程，共享才是最终的结果。

第八章

家族企业股权纠纷，何谈股权激励

第一节 真功夫：

大股东争夺控制权

因为股东蔡达标的婚变，真功夫由原来的三个股东变成两个股东，股权比例也从原来的 50:25:25 变成 50:50，即"双寡头"股权结构。为了争夺控制权，两大股东间的矛盾越演越烈。在引进风险投资准备上市的过程中，在风险投资的支持下，蔡达标制定了一系列"去潘化"的"脱壳计划"，以达到稀释潘宇海的股份并最终把他踢出局的目的。

然而，蔡达标在实施"脱壳计划"过程中的所有的运作，都成为"罪证"，掌握在潘宇海手里。就在蔡达标的"脱壳计划"即将得手的时候，一纸传票粉碎了他的所有美梦。

"双寡头"股权结构埋隐患

真功夫最初是三个股东：潘宇海占股份 50%，蔡达标夫妻俩各 25%。蔡达标的婚变形成了"双寡头"的股权模式。

　　蔡达标和潘宇海的姐姐潘敏峰 1991 年结婚，1993 年，夫妇俩创办的五金店倒闭。此时，潘宇海三年前创办的"168 甜品屋"已经小有名气，靠他自己一人已经忙不过来了。潘宇海于是找蔡达标夫妇商量，让他们拿出 4 万元算加盟费，占股 50%，夫妻俩各占 25%。潘宇海显然是通过股权激发姐姐和姐夫的创业积极性。1994 年 4 月 14 日，潘宇海和蔡达标夫妇三人联手在东莞长安镇霄边村 107 国道旁推出了"168 蒸品快餐"。

　　三人分工明确，蔡达标擅长言辞和结交朋友，负责公司总体策划推广；潘宇海精通烹饪，负责生产品质管理；潘敏峰负责后勤和收银工作。

　　初期餐厅的主导权掌握在潘宇海手中，他负责大厨，亲自研发和掌握菜品的配方，控制着餐厅的核心，即菜品的口味和质量。1997 年，由于研发了新的设备，实现了中式快餐的规模化、标准化加工，他们开始向连锁品牌的方向发展。在注册商标时，由于"168"是数字，不能注册，于是改用"双种子"的名字注册。寓意潘家和蔡家像两颗种子，同舟共济、共同奋斗。

　　随着厨房标准化设备的研发成功，饭店不再像早期那样对大厨高度依赖，开连锁加盟店成为重点。2003 年，蔡达标同潘宇海做了一次深刻的长谈，表达了换届当总裁的诉求，此外他提出总裁任期为五年一届。此前一直是潘宇海任总裁，潘宇海觉得自己的姐夫有策划的天赋，有利于公司的发展，因此同意了，他转任副总裁，承担起全国门店的开拓工作。在此后的五年时间里，潘宇海主持开拓的门店从 60 多家增加至 2007 年的 253 家。

　　2004 年，"双种子"进入广东开分店受挫。蔡达标重新进行品牌策划，认为中式快餐消费群体主要在一线城市，于是建议使用新的品牌名"真功夫"，因其体现一种"征服自我，超越极限"的中国传统文化内涵。

该方案遭到潘宇海的激烈反对，认为"双种子"已经运行七年，具有相当的品牌价值。启用新品牌会有市场风险。但在蔡达标的坚持和说服下，最终启用了新品牌。

事实证明，蔡达标是对的，他因此得以在公司确立领导地位。蔡达标开始以真功夫的代言人频频出现在公众视野。媒体把蔡达标塑造成"真功夫"的核心创始人，另一位创始人潘宇海的功劳则被掩盖了。

2006 年，蔡达标和潘敏峰婚姻走到尽头。在离婚协议上，为了争得孩子的抚养权，潘敏峰把属于自己的 25% 的股份转给蔡达标。至此，"双寡头"股权结构形成了。

"真功夫"拥有对等股权的两大股东，已经因"婚变"从亲戚变成敌人。婚变前双方在争斗中会有一些忍让和顾忌，婚变后，一切忍让都荡然无存，两家为了各自的利益恨不得将对方赶出门外。

一方面是潘、蔡两家姻亲关系破裂，另一方面是双方的兄弟姐妹都安排在公司内部的各个"肥缺"，所以双方的恩怨体现在公司运作的方方面面，甚至极大妨碍了公司的正常运作。

蔡达标同潘敏峰协议离婚的同时，正在与风险投资频频接触。同蔡达标接触的，是今日资本的徐新。徐新认为真功夫最大的隐患就在于双方对等的股权比例。这种谁也没有控制权的股权结构，一旦面临重大决策就容易出问题。在投资一家企业时今日资本都要求公司在股权结构上有一个实际控制人，如果股权均衡的话会就让一方股东逐步稀释股份。

在徐新的建议下，蔡达标从 2007 年开始，尝试在企业内部实施"去家族化"的改革。他在企业内部进行标准化管理，从肯德基、麦当劳引进一批空降高管，迫使一批真功夫创业元老先后离去，从而削弱了潘宇海在企业内部的势力。其实蔡达标所谓的"去家族化"更多的是"去潘化"，因为他的兄弟姊妹都安插在真功夫的重要岗位任职。

2007年10月，真功夫成功引进"今日资本"和"中山联动"1.5亿元投资，两家各占3%的股份。蔡达标和潘宇海的股份稀释到各占47%，"双寡头"的局面并没有破解。

转眼到了2008年，按照潘宇海和蔡达标2003年的约定，蔡达标五年一届的总裁任期已到，应该由潘宇海出任总裁了。

从蔡达标对潘宇海提出要担任总裁就可以看出，蔡达标是个有野心的人，蔡达标不愿意放下手中的权力。蔡达标曾对下属表示："这个公司是我的梦，也是我的命……"2008年底，真功夫关闭了潘宇海了解公司信息的OA系统，单方面强制剥夺了他的知情权。

2009年春节，由于停止了年终总结大会，潘宇海以公开信的形式向全体真功夫在职人员拜年。这封信很快就被删掉，蔡达标把一个大股东向全体员工说话的权利都剥夺了。

为了报复蔡达标，潘宇海想要搅黄他在银行申请到的1亿元无抵押贷款。潘宇海向银行表示，股东有矛盾，贷款有风险。最后是在今日资本和中山联动的联合担保下，真功夫才拿到这笔贷款。

这一事件之后，蔡达标和潘宇海的矛盾进一步升级，而风险投资支持蔡达标的意图也很明显。

"脱壳计划"风波迭起

双方闹到这样的僵局，已经没有继续合作下去的可能了，蔡达标下决心破解两大股东"股权均等"的僵局。蔡达标聘请律师设计方案，协助他达到目的。律师对双方在公司的实力和优劣势进行分析比较后，制定了一套详细的操作方案。蔡达标将此称为"脱壳计划"，该计划旨在将现有真功夫的一切资产、业务、供应链、商标等转移到新的法人主体之下，使得原企业成为一个空壳，从而达到将潘宇海彻底踢出局的目的。

"脱壳"的第一步，是重组并控制董事会。2007年2月，蔡达标以公司名义下发书面通知，新的董事会成立，除了蔡达标、潘宇海保持不变外，另外三名董事分别是今日资本的徐新、中山联动的黄健伟以及潘敏峰。这次重组董事会，蔡达标用风险投资的两位董事，代替了共事10年的元老周明和万伟明。蔡达标是在未通知两位董事的情况下，直接将二人踢出局的。这种做法，逼迫周明等人提出离职，从而削弱了潘宇海在公司的势力。

因为风险投资很在意创业者的婚姻状况，为了顺利引进风险投资，作为创始人之一的潘敏峰接受了蔡达标的建议，向外界隐瞒了离婚的事实，所以潘敏峰还在董事会里。

由于新的董事成员大多在蔡达标的控制范围内，股份多少便不再是决策依据，代之以董事会票数，潘宇海在董事会渐渐被"架空"。在公司里，新晋的员工和空降的高管许多都不认识他，他在公司里渐渐成为"边缘人"。

"脱壳"的第二步，是蔡达标在2009年2月注册成立一家名为东莞市赢天创业投资有限公司的全资企业，蔡达标通过东莞赢天收购持真功夫3%股权的中山联动67%的股份，进而间接控制了真功夫49%的股份，超过潘宇海的47%，成为实际控制人。这个股权变更，得到今日资本和中山联动的认可。这是蔡达标"去潘化"的重要一步。

表 8-1-1 真功夫股权结构变化

时间	蔡达标股权（%）	潘敏峰股权（%）	潘宇海股权（%）
蔡达标、潘敏峰离婚前	25	25	50
蔡达标、潘敏峰离婚后	50	——	50
引入中山联动和今日资本两家各占3%股权	47	——	47
蔡达标控股中山联动	50	——	47

　　然而，蔡达标没有想到，他用来购买股份的钱，都成为罪证掌握在潘宇海手中。潘宇海后来起诉蔡达标的第 6 宗罪，就是抽逃东莞赢天的注册资本。2009 年 8 月间，蔡达标为了使东莞赢天公司增资到 3010 万元，便向银行贷款，在首次成功增资至 1510 万元后，指使他人将赢天公司的 1500 万元注册资本抽逃转移后，进行套现转存，再进行第二次增资，使赢天公司注册资本达到 3010 万元。2010 年 9 月 18 日，在真功夫已无实权的潘宇海，在被逼无奈之下与蔡达标及今日资本签署了股权转让协议——《关于真功夫餐饮管理有限公司股权转让及后续事宜之框架协议》。潘宇海向蔡达标独资的东莞赢天转让双种子公司 35.74% 股权，相当于真功夫 3.76% 的股权，交易价款为人民币 7520 万元。潘宇海向今日资本指定的两家公司转让真功夫公司 21.25% 股权。

　　2011 年 11 月，潘宇海收到今日资本要求解除 2010 年股权转让协议的通知时，才发现蔡达标和今日资本还签了一个《股权授予协议》，蔡达标以 1 美元的价格获得了今日资本花 8500 万元从潘宇海那里买来的股权。这个事实，成为潘宇海起诉蔡达标的又一罪证。

　　设想中的"脱壳"的第三步即"金蝉脱壳"。蔡达标、中山联动、今日资本三方按照 88.68%、5.66%、5.66% 的股权比例，设立一个新的法人主体 A 公司，将真功夫旗下的 8 家子公司，通过董事会投票的方式，以净资产的价格卖给新成立的 A 公司，使原先的"真功夫"成为空壳。真功夫对旗下的门店、子公司不再享有控制权，仅对 A 公司享有债权（即应收的子公司转让款），真功夫公司收到转让款后再由原先的几方股东按股权比例分配。

蔡达标携同今日资本和中山联动两大风险投资机构所操作的这一系列"脱壳"计划都随着蔡达标 2011 年的被捕宣告失败。"去潘化"最终变成"去蔡化"。

潘宇海起诉蔡达标股权转让存在恶意欺诈；在蔡达标管理公司期间，为了"去家族化"涉嫌存在关联交易，所涉金额高达人民币 1.3 亿元；此外，蔡达标及其弟弟蔡亮标、4 名高管涉嫌挪用资金、职务侵占。2012 年 9 月 5 日，广州市中级人民法院立案审理这起股权纠纷案。

专家点评

创业最忌"股份均等"

※ 针对"真功夫"家族企业股权纠纷的问题，前海股权事务所、中力知识科技认为：

"真功夫"是典型的股权设计出问题的案例。因为这种"均等"的股权设定本身还包含了婚变后两大股东间的"爱恨情仇"，增加了案例的复杂性。

原本 50:25:25 的股权结构，因为婚变进行股权转让，导致两个股东各占对半，使得公司没有绝对控制人，这种股权比例本身就隐藏着风险，而婚姻的变局动摇了之前由"血亲"和"姻亲"建立起来的赖以维系着家族企业公司治理的"内部权威"，几乎是"牵一发而动全身"，所有公司治理的元素都发生了混乱，"潜在风险"也由"明争暗斗"变成"大打出手"甚至"对簿公堂"。

※ 针对上述问题，前海股权事务所、中力知识科技认为：

从人性的角度来说，但凡涉及股权的问题都需要做到"亲兄弟，明算账"，应事先制定详细章程，以避免在企业发展的过程中产生重大分歧，约定一旦出现重大分歧而又不能解决时，则触发相关条款，比如"强制收购股份"、"强制拆分"等。如果制定了相关条款，某种程度上或许还能减少婚变的发生。

当然，如果事先没有制定相关协议的，就应该通过协商的方式解决，比如回购股份。真功夫最后试图通过引进风险投资来解决，结果于事无补，适得其反。

※ 知识点提炼：

公司股东股权均等，在现实中最容易引发股权纠纷，被称为最差的股权结构。任何一个组织或公司都是需要一个核心人物来引领，一切才会有序，公司才能健康发展。核心创始人要拥有对公司足够的控制权，以避免股份均等的股权结构引发矛盾导致对控制权的争夺。尤其是企业发展到一定时候，因股东意见不一导致"同室操戈"乃至"同归于尽"。

※ 典型案例

雷军在创办小米之前，曾和三个同学一起创办过一家公司——三色公司。当时是四人均分股份，各占25%，结果当企业出问题需要解决时，就出现"谁都在做主，谁也无法做主"的局面，结果导致三色公司倒闭。后来创办小米，雷军就有了经验，个人持有小米77.8%的股份，有着绝对控股地位，从而保证企业呈良性态势发展。

第二节 土豆网：
婚变导致上市受阻

因创始人王微在土豆网上市途中遭遇前妻财产分割纠纷，土豆网被迫推迟半年上市，错过了上市的最佳时机。土豆网 2011 年流血上市后，王微趁机卖出 43 万股成功套现，其后股价一路狂跌，从原先的发行价 29 美元，一路跌到个位数。"投资人没有一个能从土豆网赚到钱，王微在投资人处早已信誉破产。"苦撑不下去之后，土豆网只好作价出售给"老对头"优酷网，并且退市。

与其说是土豆网错误选择了上市的时机，不如说是王微的一段婚姻耽误了上市的大好前程。土豆网及其创始人王微的故事让投资者心有余悸，为了避免因婚变改变公司命运的版本重新上演，投资界多了一条约定俗成的"土豆协议"。

上市途中遭遇股权纠纷

2005 年 1 月，王微以 100 万元的启动资金在上海创业。他想做的是当时中国还没有的视频分享网站，当时，包括日后在美国极负盛名的 YouTube 也只问世两个月。

当年年底，王微拿到第一笔风险投资——来自 IDG 的 50 万美元，这笔融资占了 30% 的股份。土豆上市后王微的股份被摊薄到百分之十几，跟这笔融资所占股比密切相关。当时有人惊呼这样的股比有失去控制权的危险，但王微表示只是想做份事业，别的并不在乎。

拿到第一笔融资后，王微在一次朋友介绍的聚会上认识了上海电视台主持人杨蕾，以杨蕾的聪明和拥有的媒体资源，王微对她几乎是一见钟情。当时尽管杨蕾没有在土豆网担任职务，但她在土豆网的对外宣传工作中经常出谋划策，土豆网的一些媒体资源都是她帮忙联系。杨蕾在土豆网的数次融资中也起了很大的作用。

2007 年 4 月，土豆网获得第三轮投资 1900 万美元，同年 8 月，王微和杨蕾低调结婚。然而，谁能料到，短短一年的时间，两人的婚姻就出现了问题。2008 年 8 月，王微向杨蕾提出离婚。

王微离婚的理由是，杨蕾对土豆网"关心过度"。杨蕾则认为婚姻破裂的原因是王微有了第三者。尽管杨蕾一直在挽回婚姻，但拖到 2010 年 3 月，还是由法院判决离婚。

2010 年 11 月 9 日，土豆网向美国证券交易会递交了上市申请。优酷也紧随其后递交了上市申请。就在土豆的上市途中，杨蕾发起了一场"上市阻击战"，要求分割财产。起诉的理由是，离婚协议上王微以其公司是负资产为由，将妻子"净身出户"。当时律师给出的意见是：第一，土豆公司是王微在结婚前就设立的公司，属于婚前财产；第二，土豆公司从设立自今，一直是亏损经营，所以无须分任何财产给杨蕾。如果杨蕾一定要争取财产分割的话，王微可以反向杨蕾要求共同负担他的巨额负债。正是基于这样的分析，王微只给杨蕾 10 万元的补偿。

但杨蕾认为，在土豆的历次融资中，私募发行的价格从 0.083 美元 / 股一路上升到 2.71 美元 / 股，而且每一次的私募价格都较前一次高，说明即使土豆亏损经营，其股权却是在持续增值的。因而，杨蕾与王微婚姻存续期间的财产增值部分，杨蕾理应获得其中一半。为了达到这个目的，法院冻结了王微名下三家公司的股权，其中包括上海全土豆科技有限公司95%的股份。

土豆网的上市行程受阻，王微不得不坐下来解决财产纠纷。最终双方达成协议，王微支付700万美元现金补偿，搞定这桩离婚案。

等到王微解决家务、重启IPO的时候，美国资本市场却已经变冷。2011年4月，土豆重新提交上市申请书时，华尔街正爆发中国概念股的信任危机，大批中国公司被做空导致股价暴跌，同期的盛大文学、迅雷都因情况不妙停止上市。

但土豆网不得不在此时上市。2011年6月30日，土豆网账上只剩下2070万美元现金，这意味着土豆网要么流血上市，要么现金流断裂，要么被对手收购。8月，土豆终于在市场极其惨淡的情况下开始了IPO全球路演，于8月17日实现IPO。

土豆网的上市惨状与8个月之前优酷上市时的热闹光景形成鲜明对比：土豆上市首日下跌12%，市值7.1亿美元，而优酷上市首日大涨161%，市值超过30亿美元。之后，两家网站的差距越来越大。与其说优酷选择上市的时机非常恰当，倒不如说土豆因为创始人的离婚纠纷耽误了上市前程。

土豆网在上市后的半年中，其股价一路下挫，到2012年1月已经跌至9.5美元，还不到IPO价格的一半。土豆网撑到2012年3月，最终以1.6倍的溢价卖给了优酷。交易完后，土豆网成为优酷的全资子公司，并从纳斯达克退市。优酷收购土豆后，极大地巩固了市场地位。

下表是土豆优酷在合并前的融资历史对比，从中我们可以看到土豆网被资本市场的看好一点不亚于优酷网。然而，正所谓"差之毫厘谬以千里"，

因婚变错过半年的上市时间导致土豆网的历史重新改写。坊间戏称土豆网
的败北归因于杨蕾这个"不寻常的女人"。

表 8-2-1 土豆优酷合并前的融资历史

土豆	优酷
2005 年王微创办土豆网	2006 年古永锵创办优酷网
2005.12，IDG 投资 50 万美元	2005.11，获 300 万美元"搜索资金"
2006.5，获 IDG、纪源资本、集富亚洲 850 万美金	2006.12,硅谷风投 SutterHillVentures、国际基金 FarallonCapital、ChengweiVentures 三家风投 1200 万美元
2007.4，由今日资本和 GeneralGatalyst 主导，韩国 KTB 风险投资基金、GCEntreprenrersFund、CA—JAIC 中国国际基金、IDG、纪源资本、集富亚洲共投资 1900 万美元	2007.11，贝恩资本集团旗下一支基金等投资 2500 万美元
2008.4.凯欣亚洲和美国洛克菲勒家族旗下风投公司 Venrock、IDG、纪源资本 5680 万美元	2008.7，追加投资 4000 万美元
2010.7，获 5000 万美元投资，其中淡马锡投资 3500 万美元，凯欣亚洲、IDG、纪源资本、GeneralGatalyst 共投资 1500 万美元	2009.12，成为投资管理咨询公司领投，贝恩资本、对冲基金等参投 4000 万美金
	2010.9，来自成为基金、摩根士丹利小企业成长基金等基金会 5000 万美元
2011.8，土豆网纳斯达克上市	2010.12，优酷纽交所上市
2012.3，优酷土豆以 100% 换股的方式合并。古永锵担任集团董事长、CEO，王微宣布"退休"	

该不该有"土豆条款"？

投资大师沃伦·巴菲特说过，他一生中最重要的投资并不是买入哪种
股票，而是选择跟谁结婚，因为"在选择伴侣这件事上，如果你错了，将

让你损失很多。而且，损失不仅仅是金钱上的"。确实有不少企业家像王微那样，挺过了创业初期的艰难，解决了商业模式的困顿，挨过了数轮融资的洗礼，却被婚姻破裂扼住咽喉，痛失企业发展良机。

一场看似寻常的婚变，不仅改变了土豆网创始人的命运，也改变了一个行业的发展轨迹。从此，在资本市场上多了一条"土豆条款"。

关于王微的婚姻诉讼，优势资本总裁张甜发微博表示："成功将控股股东夫妻感情不能出问题这一条写到投资协议中，既要全面又要含蓄，真是个技术活。"张甜指的不是投资方要控制创业者夫妻感情本身，而是与之相关的股权结构及争议问题的解决。

上海暴雨娱乐 CEO 朱威廉发微博说道："听说最近不少风险投资在股东协议中增加条款，要求他们所投公司的 CEO 结婚或者离婚必须经过董事会，尤其是优先股股东的同意后方可进行。"

王微看到这条微博后，随手加了一条评论："前有新浪结构，后有土豆条款，大伙儿一起努力，公司治理史上，留个名。"因王微这句话，"土豆条款"就此得名。土豆网上市受阻这一事件之后，风险投资在向创业公司投资时，都要先调查夫妻关系，并且相关的股权约束条款越来越多地出现在投资协议中，这些条款都被戏谑地称为"土豆条款"。

但并不是人人都赞同签署"土豆条款"。经纬创投合伙人张颖就不认可这种做法："这种事我们经纬不会做。什么是风险投资，我的理解是风险投资在投资前，创始人风险本来就是立体的、多面的，约束人家私人生活或把它跟我们的利益捆绑是件不公平的、扯淡的事。"

今日资本投资的真功夫、赶集网和土豆网都出现企业创始人因婚变发生财产纠纷的事，其总裁徐新并不认为一定要把"土豆条款"写进投资协议中，但她非常强调对控股股东要做婚姻调查："凡是结了婚的我们要访谈老婆；离婚的要访谈前妻；没结婚的我们要访谈爸妈。"不管徐新的调查工作做得如何周到，还是栽倒在婚姻问题造成的财产纠纷上。例如真功夫因为婚变造成两大股东的翻脸，王微在上市的关键时刻遭到前妻的起诉，这都是投资者所始料不及的。发生在王微身上的故事并不是唯一的，有人总结 2011 年是"上市公司老总离婚年"，这一年离婚的还有"中国巴菲特"赵丙贤离婚案、钢铁大王杜双华离婚再审案、被称为史上最贵离婚的蓝色光标董事孙陶然协议离婚案、赶集网总裁杨浩然离婚后财产纠纷案等等。

这些离婚案都有一个共同特征：丈夫掌握着公司资产，拥有资产的实际控制权，女方对公司的实际运作状况几乎没有了解。这种夫妻财产关系，看似财产掌握在男方手中，一旦婚姻出现问题，女方可以漫天要价，男方为了财产分割会弄得心力交瘁，最后可能连继续干事业的心思都折腾没了。与其等到婚变的一天对方漫天要价，还不如在婚前签好财产协议，做好财产公证。

总之，发生在土豆网身上的故事，以及随后衍生出来的"土豆条款"，其实都给投资人、创始人很多启示。只有正视公司创始人的婚变及其带来的财产纠纷，准备好相应的对策，并把这些对策写进投资和重组的交易文件，才能更好地规避潜在风险，使各方利益得到切实保证。

比如，对企业创始人的夫妻关系，不是试图正面要求夫妻维系婚姻状况或对离婚事项设定任何实质性或程序性限制，而是应该在事前要求配偶签署一份承诺函作为交易文件的附件。内容可包括以下几项：

第一，配偶确认其对公司的股权不享有任何权益，且承诺不就公司的股权提出任何主张；

第二，配偶确认已完整审阅理解，并无条件、无保留、不可撤销地同意交易文件的约定；

第三，配偶承诺签署一切必要的文件并采取一切必要的行动，以确保交易文件得到适当履行；

第四，配偶承诺如任何情况下获得公司股权，应受交易文件的约束，并遵守作为公司股东的应尽义务。

专家点评

爱恨情仇导致上市搁浅

※ 前海股权事务所、中力知识科技认为：

土豆网因婚变导致上市计划的推迟，表明家族企业向公众公司转变的过程中，没有处理好财产关系问题。事实上，在离婚率居高不下的今天，婚变是绕不开的问题，一旦婚变，无论企业控制权、管理权还是股权结构，上市进程难免会受到影响。

企业家的婚变会影响上市进程，会影响公司发展进程，也会影响投资者的收益问题。夫妻发生婚变财产分割时，主要遵循的是《婚姻法》的共同财产均分原则，即便对方在公司中没有占任何股份，只要婚姻关系存在，离婚时，都要进行股权分割。所以，在婚姻稳定度不是太高的当下，创业者在婚前最好进行财产协议，以规避婚变带来的风险。

※ 针对上述问题，前海股权事务所、中力知识科技认为：

在家族式企业中，依靠感情维系毫无血缘关系的夫妻档是不稳定性最高的组合，其次是兄弟姐妹组合，而父母和子女关系的组合相对而言稳定性较高。规避财产被分割的风险，传统的做法有几种：一种是婚前财产约定，一种是继承权约定，还有一种是股权赠与约定。

婚前财产约定，基本上已经被社会广泛接受，做个协议公证一下就可以了。婚前协议最大的优点在于灵活性，既可以约定婚前财产归属权，也可以对婚后双方新产生的财产归属进行约定。继承权约定，一般是通过立遗嘱的方式，遗嘱约定公司股权由自己的子女继承。同时，如果公司里还有其他股东，就要根据《公司法》去完善公司章程，明确继承人是继承股东资格还是股权财产。还有一种方式就是股权赠与，可以将公司股权明确赠与子女所有。

为了保障公司股权和团队的稳定性，同时兼顾配偶双方合理的经济利益，稳固创业者的家庭和谐关系，也可以设计"配偶股权条款"，一方面，约定股权为创业者所有；另一方面，创业者同意与配偶分享股权变现利益，做到"钱权分离"。

※ 知识点提炼：

夫妻合伙创业的模式在中国乃至西方都是常见模式。这种创业模式最大的优点是认同感强，但最大的风险就是夫妻感情破裂一旦涉及财产的分割将会影响企业的发展。很多企业在引进职业经理人后一般女方退居幕后。

※ 典型案例

SOHO 创始人潘石屹和妻子张欣，一个是来自中国大西北的"土鳖"，一个是留学海外的"海龟"；他们俩一见钟情，认识四五天就闪婚，两个人一起合伙开公司，是夫妻搭档的合伙人。

早年，他们两人经营"夫妻店"时，经常是家事和公事混在一起吵架，往往以潘石屹的示弱告终。公司稍有起色后，张欣决定作出让步，提出不再参与公司事务了，想退居幕后。

张欣的退让使得两人没有因性格和处事方式的不同而发生婚变。恰恰相反，随着潘石屹成为他所创立的 SOHO 中国的形象代言人，张欣更多把精力投入国际化视野上。这使得潘石屹在给公司的战略定方向、定目标时能够立足于国际化大方向，思路更开阔，战略更长远。所以，对于成功男士来讲，妻子就是自己事业的第一位合伙人。

第三节 霸王集团：
夫妻反目导致企业濒临清盘

2018 年 8 月 16 日，霸王国际（集团）控股有限公司（以下简称"霸王集团"）发布盈利预警公告称，预计截至 2018 年上半年，霸王集团净利润将出现约 1400 万—1500 万元的亏损。这也是霸王集团在 2016 年好不容易扭亏为盈之后，再度出现亏损情况。

有理由推测，8 年前"致癌风波"留下的阴影至今仍然笼罩在霸王头上，这个昔日家喻户晓的国内知名洗发水公司又一次走到了一个攸关前途命运的重要时刻。

事实上，霸王集团已经连续亏损长达 6 年，从当初的 200 亿元市值缩减到如今的 6 亿元，总计蒸发了 194 亿元，"霸王"风采早已不复当初。冰冻三尺绝非一日之寒，霸王集团的亏损隐患由来已久，惊爆业界的"夫妻内斗"更是曾令公司陷入清盘退市的危机。

霸王夫妻的创富路

霸王集团的创始人是陈启源和万玉华夫妻俩。1988 年，23 岁的万玉华从华南农业大学毕业后，被分配到中科院华南植物研究所担任高级工程师，主要负责专利技术申报的档案工作。那时的陈启源还是一个除虫剂销售员，因为咨询专利申请事宜而与万玉华相识相知，过程颇有些罗曼蒂克。

20 世纪 80 年代后期，陈启源夫妇承包了中科院华南植物研究所的一个下属企业，从此开始白手起家共创事业，最初的主营业务是销售啤酒香波，经营管理由陈启源负责，技术研发和销售则由万玉华负责。

靠着"大渠道、大流通"的独特经销方式，陈启源夫妇很快赚到了第一桶金。但是，由于改革开放的关系，陈启源夫妇俩的啤酒香波生意受到外企的冲击，转型成了必然选择。

1997 年，受到重庆奥妮靠首乌洗发露赚到几亿元的刺激，陈启源选择将中草药作为企业转型的方向。据说，陈启源是第十九代"中药世家"传人，其家族历史可追溯到公元 1500 年前的陈朝建国皇帝陈霸先，陈家世代从医，陈启源的爷爷陈琼之更是粤西一带的著名医生。

深厚的家学渊源成了陈启源最大的依仗，加上适逢华南研究所当时正在研究一款植物洗发水配方，陈启源夫妇便迅速买下了这项专利。

1998 年，夫妻二人正式成立霸王公司，旗下明星产品霸王果酸首乌和皂角首乌洗发露也随之上市。凭借"中药世家"的家世光环，打着"防脱"口号的霸王系列洗发水刚一进入市场便马上引起了一波不小的轰动。

为了推销洗发水，霸王采取严抓终端销售的营销方式，经常到卖场门口搞时装秀、唱歌跳舞、小品相声等促销活动，顺便也给民众介绍自身的"悠久历史"和传播"防脱"理念。这种颇为接地气的广告宣传和终端推广很快就发挥了效果，霸王集团也在陈启源夫妇的带领下逐渐崛起。

2005 年，霸王以 1000 多万元巨资聘请动作巨星成龙做公司的产品代言人，并投入数千万元进行了广告轰炸，霸王洗发水广告被全国人民所熟知。从 2006 年开始，霸王的广告费每年都是几千万元的提升，到 2008 年时，已经达到惊人的 3.4 亿元。

正是这种颇具"霸王风范"的营销手笔，使霸王集团的口碑与业绩均扶摇直上。2006 年，霸王集团入选中国品牌建设十大优秀企业，2007 年更是一举拿下"中国驰名商标"。2007 年和 2008 年，霸王洗发水在中国洗发品市场占有率分别达到 6.2% 和 7.6%，在中草药洗发水市场占有率更是高达 43.5% 和 46.3%。到 2009 年霸王集团在香港股票交易所上市时，其股价最高达到了 6.475 港元／股，市值更一度逼近 200 亿港元，成为当时声名煊赫的"中草药第一股"。

"致癌风波"被媒体曝光，社会信用荡然无存

俗话说：好花不常开，好景不常在。2010 年香港媒体《壹周刊》刊登了一篇《霸王致癌》的文章，称霸王洗发水送检时显示含有致癌物二恶烷。消息一经爆出，立即引起市场巨大反响。即便后来国家食品药品监管局出面声明，霸王含有的二恶烷不足以伤害人体健康，却也无法消除消费者抗拒的心理。

霸王集团的经营业绩随之急转直下，当年营业额由上年度的 17.56 亿元猛跌至 14.75 亿元，净利润亏损 1.18 亿元，股价一度暴跌 18%。更为严重的是，顶着"产品含有致癌物质"这个恶名，霸王集团连续亏损了六年之久，市值由顶峰时期的近 200 亿港元大幅降至 6.23 亿港元，缩水率 96.67%，当前市值仅是顶峰时的 1/30。

在致癌风波爆发的过程中，霸王集团最大的失误在于采取了错误的危机公关方式，只知一味解释与推责，未曾从公众利益的角度加以挽救，最终导致企业的社会信用几乎荡然无存。2016 年，香港高等法院判决霸王集团胜诉，并公示称霸王集团的产品含有致癌物质一事乃不实报道，《壹周刊》被判赔偿 300 万港元以及相关诉讼费。

霸王集团虽然胜诉了，洗脱了冤屈，但失去的市场和业绩却再也无法挽回。

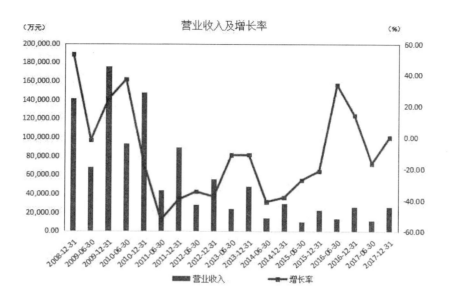

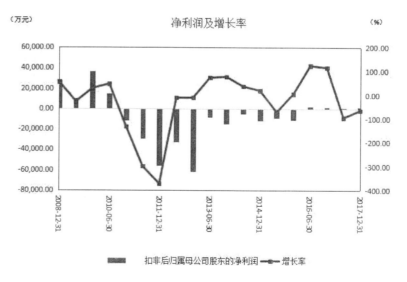

图 8-3-1 霸王集团近年来营收和净利润变化情况

夫妻"内斗"曝光媒体，霸王再陷危机

致癌风波爆发七年之后，霸王集团再次遭遇滑铁卢——陈启源和万玉华夫妻因感情失和而持续内斗，导致霸王集团更加步履维艰。

2007 年，万玉华与陈启源共同成立控股公司，夫妻二人各持有控股公司 49% 及 51% 的股权。自霸王集团开启上市程序以来，万玉华一直担任霸王集团的决策人角色，直至 2015 年万玉华辞任霸王集团首席执行官兼执行董事，但仍保留控股公司董事的职务。

2016 年 9 月 22 日，万玉华表示有人伪造了她的董事辞职信及控股公司的董事会决议通过接纳该辞职信，将其排除在公司管理层之外。2017 年 1 月 24 日，在万玉华不知情之下，霸王集团增发 19,657 股新股予 HeroicHourLimited（股东为陈启源夫妇的 7 个子女），导致万玉华的股权被稀释至 24.71%，严重影响了万玉华在公司原有的决策权。

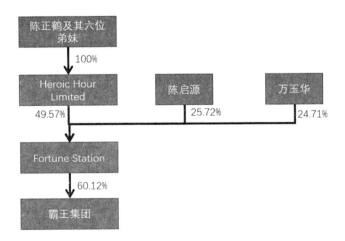

图 8-3-2 霸王集团控股关系

2017 年 12 月 27 日，万玉华在香港召开新闻发布会，控诉陈启源家暴，

以分居满两年为由，向法院申请离婚，同时要求对霸王集团上市公司进行清盘处理，把控股公司的资产变卖分发给 7 个子女

在发布会上，万玉华哭诉双方因经营理念的不同而多次发生冲突。万玉华要求离婚并申请财产分配，她表示只要求分家族资产的 5%，但陈启源先是封锁了她的所有联络方法，并封锁了她的名下资产。随后通过一份伪造的董事辞职信和增发新股的方式将万玉华排除在控股公司管理层之外，股权也从原来的 49% 稀释至 24.71%。但万玉华是直到 2017 年 2 月 10 日才知道自己的股份被稀释的，她曾发函质问相关人员为何仿冒自己签名，在没有得到答复的情况下，无奈召开新闻发布会。

万玉华召开新闻发布会的当天，霸王国际代表陈启源发布三条声明：第一，陈启源对万玉华的清盘要求感到莫名其妙；第二，万玉华的辞任、FS 的股份增发均符合法律程序；第三，对万玉华保留法律追究权利。

谁能想到，股市对这出夫妻闹剧的反应竟是那样的灵敏。当天上午，霸王股票突然暴跌 30.88% 至 0.197 港元，霸王集团股票更是直接申请暂停买卖，至此 200 亿元市值仅剩 6 亿元！上市公司的市值瞬间蒸发 30%，公司不得不停牌以应对一泻千里的股价。有股民戏称这对创业夫妻上演的是"霸王别姬"，把霸王国际戏称为"离婚概念股"。

毫无疑问，这对曾经同甘苦共患难辛苦做起企业的夫妻，一旦将夫妻交恶的事曝光于社会，等于给刚刚恢复点元气的霸王集团一记重创。股价下跌就表明了这一事实。

但没想到事情竟然还会出现转机的是，2018 年 6 月 5 日，霸王集团发布公告称其董事会主席陈启源和万玉华已达成和解，各自已向法院申请撤销清盘呈请。霸王集团因此得以免于退市。

霸王集团公布的 2017 年报披露，公司计划将追风品牌产品进行重新

包装，以网络作为主要销售渠道，同时霸王集团拟淘汰本草堂品牌系列产品，并清理现有库存。

霸王虽然已经开始进行品牌的重新聚焦，并加入互联网营销，布局线上销售，积极探索新的经营方向。但是，面对老化的品牌和越来越激烈的市场竞争，霸王的前途能否迎来柳暗花明仍是未知数。

专家点评

公司创始人能不能随意转让配偶股份？

※ 前海股权事务所、中力知识科技认为：

我国《公司法》第四条规定："公司股东依法享有资产收益、参与重大决策和选择管理者等权利。"据此，股权既包括资产收益权，也包括参与重大决策和选择管理者的权利。所以，股权并非单纯的财产权，应为综合性的民事权利。也就是说单纯夫妻财产权和各自持有50%股权在决策权上是完全不一样的，企业家在做股权布局时应注意这一点。如无特别约定，对于自然人股东而言，股权仍属于商法规范内的私权范畴，其各项具体权利应由股东本人独立行使，不受他人干涉。

股权作为夫妻双方的共同财产，在特殊的时间节点会对公司的正常经营产生巨大的影响，比如企业上市前夕发生离婚事件，双方有权对夫妻共同财产进行分割，导致股权的不确定性，影响上市进程。具体到霸王这个案例中，创始人夫妇失和后，男方"恶意"稀释妻子的股份致使她召开新闻发布会，使企业声誉在遭"致癌风波"的重创后再度受损，公司经营也一落千丈。此时的霸王已成"明日黄花"，要想挽回声誉和抢夺失去的市场份额尚待时日。

第九章

公司股权结构"埋雷"，后患无穷

第一节 雷士照明：

股权结构不合理，陷入股权"局中局"

雷士照明创始人吴长江联络两个高中同窗一起创业，碍于校友情面，创始初期的股权设计先是二、三股东的持股之和大于大股东，随后改为股份均等。两种股权结构都有碍公司的发展。最终，吴长江作价1.6亿元让二、三股东出局。

解决了创始股东问题后，又出现了资金断裂的问题。在随后融资的过程中，金融资本、产业资本先后入主雷士照明。他们的意图不只是分一杯羹那样简单，而是意图取得雷士控股权。在这个过程中，上演了一出控股权之争的商业大戏。

吴长江是"赌徒"，这不仅表现为他敢想敢干，敢为天下先的创业勇气，也表现为他的赌博成性。这一点被随后引进的同行股东王冬雷抓住把柄，最终使得吴长江身陷囹圄。

创业三东家为争控股权"同床异梦"

雷士照明的创始人吴长江是一个有闯劲有头脑的商界奇才。1998年,吴长江决定做照明品牌。他想找高中同学胡永宏加盟,胡永宏在成都彩虹电器集团一直干着营销工作,擅长工厂管理的吴长江需要的是胡永宏的市场营销经验。

在惠州德赛下面一家二级公司做副总的杜刚得知吴长江要与胡永宏联合创业之后,也想加入进来。1998年年底,吴长江出资45万元,杜刚与胡永宏各出资27.5万元,以100万元的注册资本在惠州创立了雷士照明。

从股权结构看,吴长江是占比45%的单一大股东,但相对杜刚和胡永宏的持股之和,他的股份又相对较少,这是他们三人最初的约定,如果吴长江一意孤行,其他两人可以起到一定的制约作用。

雷士照明的三位股东的分工是:吴长江负责生产管理;杜刚负责品牌、资金及政府等方面的资源;胡永宏主管市场营销。在他们的各司其职、通力合作下,雷士照明第一年销售额即为3000万元,此后每年以近100%的速度增长:2002年超过1亿元;2003年超过3亿元;2004年超过5亿元;2005年超过7亿元。

随着企业的不断做大,股东之间逐渐产生了分歧。首先,吴长江想把企业不断做大,希望赚了钱就用于扩大产业,其他两位股东则希望赚了钱后分红。一开始,三位股东还时常坐在一起研究讨论问题,慢慢的,吴长江开始独断专行,把赚来的钱一次次用于扩大规模。

其次,由于吴长江是总经理,全面负责企业运营,因而对外吴长江成为企业的代言人。这样一来,另外两位股东便觉得身份被贬低了,心理上越来越感到不平衡,股东间意见越来越难达到统一。但凡公司开会,往往吴长江一发表意见,就遭到反对,致使会议不欢而散。

当时，负责营销的胡永宏已萌生了退意，他索性提出只要公司有收益就马上分红。"每月分红"变成了董事会的正式决定，这使得吴长江体会到了两位股东联手牵制自己的滋味。

分红时，由于吴长江的股份较多一些，所分得的现金也较多一些，另外两位股东心理更是不平衡，要求分红必须一致。随后达成的协议是，吴长江把自己的股份向其他两位股东分别转让5.83%，于是三人的股份形成33.4%、33.3%、33.3%的均衡状态，三位股东在企业的工资、分红上完全均等。

股份均等并不意味着三位股东的关系得到改善。2005年，由于雷士照明销售渠道的改革，三位股东的矛盾全面爆发，其他两位股东激烈反对吴长江的改革方案。

因为渠道变革的导火索，股东之间的分歧上升到了企业分家与否的层面，胡永宏与杜刚决定召开董事会。

2005年11月的一天，刚从国外出差回来的吴长江被通知参加董事会，会上就渠道变革的事情吵了一通，情绪当头的吴长江随口发了一句牢骚："你们既然这样讲，觉得我不行，管得不好，那好，你们来我退出。"

吴长江一语既出无法反悔，剩下就只能谈分家的条件了。几天之后，吴长江开出了退出企业的条件：企业作价2.4亿元，自己从企业拿走8000万元，作为交换，自己在企业拥有的股权归其他两位股东所有。胡永宏、杜刚二人欣然同意，随即签署协议。

吴长江此举显然是以退为进。三天之后发生了戏剧性的一幕。

雷士照明的经销商从全国各地赶来齐聚惠州雷士总部，经过五个多小时的协商，最终两百多名经销商举手表决，全票通过吴长江留下的决议。

面对此种局面，胡永宏与杜刚被迫接受各拿8000万元离开企业的结局。

有旁观者认为，假如没有吴长江"以退为进"的策略，要让另外两位股东退出，1.6亿元显然是远远不够的。

股东问题是妥善解决了，但是雷士照明的账上已经没钱了。接下来的，就是找钱融资。在这个过程中存在的矛盾和利益之争，激烈程度远远超过创始股东之间的争斗。

为融资痛失第一股东地位

2006年3月，吴长江来到联想集团的总部。他找到柳传志，把自己的情况和盘托出，希望能从他那里融到资金渡过难关。柳传志表示打算通过旗下的"联想投资"向雷士入股。因为有需时较长的项目考察和决策程序，柳传志就介绍吴长江认识了一位与联想控股有合作的广东女富豪叶志如，通过其私人拥有的BVI（维京群岛）离岸公司"正日"，借了200万美元给雷士，借款期限为半年。

除了耐心等待联想的投资外，吴长江找遍了能找到的风险投资。他很快认识了亚盛投资的总裁毛区健丽。

毛区健丽很快就很"专业"地充当了吴长江的"金融保姆"。她带着自己的团队对雷士提供全方位的金融服务，包括在境外设立离岸公司、搭建离岸股权架构、引进资本方、设计融资交易结构等。为了显示诚意，毛区健丽先期通过第三方向雷士提供了2000万元的借款，以帮助雷士进行资金周转。

毛区健丽在短短几个月的时间内，帮助吴长江找到了三个愿意出资的投资人："涌金系"掌门人魏东的妻子陈金霞、优势资本总裁吴克忠、个人投资者姜丽萍，他们三人合计出资400万美元（陈180万美元、吴120

万美元、姜 100 万美元）。毛区健丽向出资人承诺，投入这 400 万美元可以获得雷士 10% 股份，但是有一个条件，他们三人的资金必须先以她的名义投入雷士，之后再将雷士的股份转给这三人。

3 个月之后，2006 年 6 月 27 日，毛区健丽抢在联想做出投资意向之前，将从吴克忠等人处募集的 400 万美元，加上自有资金 494 万美元，再加上应收取的融资顾问费折算成 100 万美元，合计 994 万美元入股雷士，占比 30%。

毛区健丽以较少的资金投入占到雷士很高的股份，相当于吴长江把企业的股份卖了个"白菜价"。通常而言，企业的第一轮融资，投资方给出的估值一般是 8—10 倍市盈率，毛区健丽所入股的 994 万美元，对应雷士的市盈率估值只有 4.7 倍（依据雷士 2005 年净利润 700 万美元推算）。

入股交易达成后的第二天，2006 年 6 月 28 日，毛区健丽随即把雷士 10% 的股份转手兑现给了出资 400 万美元的陈金霞等三人。毛区健丽转股 10% 后，相当于投资 494 万美元获得了雷士 20% 的股权。

毛区健丽投资后，雷士资金紧缺的状况依然未得到解决。一个多月之后的 2006 年 8 月，在毛区健丽的牵线搭桥下，软银赛富正式决定投资雷士。8 月 14 日，软银赛富投入的 2200 万美元到账，占雷士股权比例 35.71%。软银赛富入股雷士的市盈率估值约为 8.8 倍，客观地说，这个价格较为公道。

就在软银赛富入股雷士的同时，先前经柳传志所介绍，叶志如对雷士的 200 万美元借款，也在到期前进行了"债转股"。叶志如对雷士的 200 万美元债权，转变成 3.21% 的股份。

吴长江用了半年时间，融到三笔资金折合人民币约 2.6 亿元，除去支付股东杜刚、胡永宏的 1.6 亿元，还有余款补充运营资金。这样，在解决了创业股东问题之后，雷士开始走上了稳健的扩张道路。但与此同时，也面临投资方对业绩的要求，即所谓"对赌"协议。

为了提升业绩，两年后的 2008 年 8 月，雷士以"现金＋股票"的方式收购了一家专事节能灯灯管及相关产品的制造商——世通投资有限公司，以增强其制造节能灯的能力。这笔收购要求现金部分支付 4900 余万美元。

雷士当时账上现金及存款仅有 3000 万美元。为了完成此次收购，雷士照明不得不再次寻求私募融资。在此次融资中，高盛与软银赛富联合向雷士照明投入 4656 万美元，其中高盛出资 3656 万美元；软银赛富出资 1000 万美元。

此次融资之后，吴长江因持股比例稀释，失去了第一大股东地位，其持股比例为 34.4%；而赛富则因先后两次投资，持股比例达到 36.05%，超越吴长江成为第一大股东；高盛以 11.02% 的持股比例成为第三大股东。

以"现金＋换股"方式完成对世通的收购以后，吴长江的持股比例再度被稀释至 29.33%，低于软银赛富 30.73% 的持股比例，此持股比例一直保持到雷士照明 IPO 之时。

失去第一大股东地位的吴长江，并没有意识到，当他把雷士千辛万苦弄上市后反而陷入一场股权"局中局"。

金融资本、产业资本"合谋"高回报

2010 年 5 月 20 日，雷士照明登陆港交所，发行 6.94 亿股新股（占发行后总股本的 23.85%），发行价 2.1 港元/股，募资 14.57 亿港元。按照 IPO 价格计算，雷士的投资人都获得了可观的投资回报，软银赛富的投资收益翻了 5 倍多。

软银赛富是在 2006 年向雷士照明投资入股，到 2011 年已长达 5 年时间，按照一般 VC 基金 6—10 年的存续期规则，到期一般会将基金清盘结算并将收益分配给 VC 基金的出资人。因此，到了第 5 年投资人是非常急于套现退出的，而软银赛富与高盛却没有套现退出，反而积极向雷士引进施耐德。

引进施耐德的是雷士第一大股东软银赛富的合伙人阎焱。VC/PE 投资人往往会给企业提供"增值"服务，即入股一些价值被低估或暂时陷入困境的企业，经过一番整合之后再将企业打包或者分拆出售给产业大鳄，投资人从中获取超额暴利。因而，这桩买卖中不言自明地存在着施耐德与软银赛富及高盛"合谋"的计划：软银赛富希望高位套现退场，引进施耐德就是为了达到这一目的。然而，失去第一大股东地位的吴长江并没有意识到自己面临的危险。他天真地认为，资本机构投资雷士是希望在雷士身上赚钱，既然自己能达到他们的要求，他们一定会让自己执掌雷士。在转让部分股权给施耐德之后，吴长江的持股比例下降到 17.15%，而软银赛富还拥有 18.48% 的股份。

2011 年 7 月，施耐德以溢价 11.9% 的 4.42 港元 / 股高价，从软银赛富、高盛等股东手中受让了 2.88 亿股，占比 9.22%。这件事不但没有引起吴长江的警惕，他还跟随软银赛富及高盛出让了 3.09% 的股权给施耐德，浑然不知自己在引狼入室。与此同时，他还与施耐德签订了为期 10 年的"销售网络战略合作协议"。施耐德主要看中的是雷士的 3000 家销售网络门店。

表 9-1-1 吴长江不断稀释的股权比例

创业期（%）		发展期（%）	资本期（%）	拟上市（%）	上市后（%）
45	33.4	33.4	34.4	29.33	17.15

2011 年 9 月，施耐德中国区总裁朱海提名其下属李新宇出任雷士照明副总裁，分管雷士照明非常核心的业务部门商业照明工程及项目审批。

这使吴长江终于意识到施耐德"投资"的目的并不简单。

于是他做出两个举动：一是将企业总部从广东惠州搬回了他的老家重庆，以强化他对企业的控制力；二是开始在二级市场持续增持股份，以图重新夺回控股权。

吴长江在二级市场回购股份是有效的。到 2012 年 5 月 15 日，吴长江的持股提升了 2 个百分点，比例超过 19%，高于软银赛富的 18.48%，重新夺回第一大股东位置。

尽管吴长江是第一大股东，却处于弱势地位。从持股比例来说，他改变不了格局，这从董事会结构上可以看得很清楚：雷士照明 6 位股东中，仅有吴长江和穆宇（雷士照明副总裁）两位代表创业股东；软银赛富的阎焱、林和平在董事会也占据两席；高盛的许明茵占据一席；施耐德的朱海占据一席。这样，创业者与投资人双方在董事会的力量对比是 2：4。董事会一旦被投资人控制，就意味着企业的控制权落到了投资人手上。

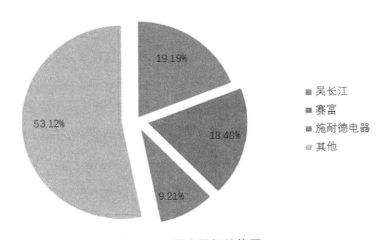

图 9-1-1 雷士股权结构图

在这种力量悬殊对比的背景下，创始人吴长江最终出局也就没什么悬念了。2012 年 5 月 25 日，吴长江毫无征兆地"因个人原因"辞去了雷士照明的一切职务，接替他出任董事长的是软银赛富的阎焱，接替他出任 CEO 的是来自施耐德并在施耐德工作了 16 年的张开鹏。这更加强化了施耐德在雷士照明的控制权以及明确其进一步控制雷士照明的企图。

吴长江并不甘心他失去的一切。不久，他故伎重演，组织工人将董事会成员拘禁了 24 小时，并煽动员工罢工，经销商停止下单，供应商停止供货等，目的是为了使自己顺利回归企业。这场商业逼宫大戏直接导致雷士股价下跌 35%。这场风波最终以雷士照明成立"临时运营管理委员会"，吴长江任负责人而告终。

资本盛宴下的牺牲品

有人称吴长江是"赌徒"，这里有双重含义。一个含义是指在商业上敢作敢为，敢拍板敢担当；另一个含义则是真正的"赌徒"。

2012 年 12 月，广东德豪润达电器股份有限公司董事长王冬雷结识吴长江时，吴长江因在外欠着赌债，正把他所持有的雷士照明的股份抵押给了瑞士银行，委托后者帮他卖掉。得知这一消息后，王冬雷直接找到吴长江，从他手里买入股份。

当时，德豪润达正面临向 LED 行业转型之际，以共计 16.54 亿港元的价格收购雷士照明普通股及股东 NVC（吴长江持有的离岸公司）的股份共计 6.33 亿普通股，占股 20.08%，成为雷士照明最大股东。同时，吴长江的离岸公司 NVC 入股德豪润达，成为其第二大股东。

双方合作的一个条件是让吴长江担任 CEO。当时，双方彼此约定，股权交易完成后，德豪润达要支持 NVC 方代表成为雷士照明董事、董事长；NVC 代表要成为德豪润达董事、副董事长。

2013 年 1 月 13 日，王冬雷进入董事会成为非执行董事，同一天吴长江出任雷士照明 CEO。3 个月后，阎焱辞去雷士照明董事长职务，王冬雷被选为新任董事长。再两个半月后，吴长江重返雷士照明董事会，成为执行董事。

表 9-1-2 吴长江与王冬雷从"蜜月"到"分手"

时间	事项
2012.5.25	吴长江被软银赛富等投资机构所逼辞去雷士董事长职务
2012.12.5	王冬雷收购雷士股份
2013.1.13	吴长江被任命为雷士 CEO
2013.4	王冬雷被选为雷士董事长
2013.6.4	吴长江重返雷士董事会，任执行董事
2013.8.11	吴长江指责王冬雷越权管理
2014.7.15	吴长江被退出雷士 10 家附属公司董事
2014.7.18	吴长江在王冬雷办公室承认 4 亿元赌债事件
2014.7.19	吴长江在上海召集雷士供应商密谋"逼宫"
2014.7.20	王冬雷逼问吴长江密谋事件，吴长江否认
2014.8.8	吴长江被董事会罢免执行董事 CEO
2014.10.22	惠州市公安局对吴长江等涉嫌挪用公款立案

2012 年 12 月至 2013 年 6 月是王冬雷与吴长江的蜜月期。随后他们之间的关系变得越来越僵。因为王冬雷从一些渠道得知，吴长江在将股票卖给德豪润达后的第一周便召集了他的 6 位心腹高管，传达了两层意思，"第一是雷士照明现在成外人的了，要团结在一起，谁进来把谁赶走；第二则是要把雷士往烂里做，把股价做到 2 元，然后再一起把雷士买回来"。

如此一来，憧憬着德豪润达向 LED 成功转型的王冬雷才知道，在他的眼皮底下，一场兵刃见血的商战正在预热。

王冬雷和吴长江第一次大的矛盾发生在吴长江的弟弟吴长勇身上。吴长勇在外私设公司与雷士照明进行内幕交易，私自出售假货金额近两亿元，导致公司损失了七、八千万元。

为防止更多内幕交易发生，王冬雷很快作出应对措施。2014 年 7 月 15 日，雷士照明公告，吴长江被迫辞去雷士 10 家附属公司董事职位。其中，惠州雷士光电及雷士照明（中国）等公司改由王冬雷任新董事长。

此事让吴长江极为愤怒。三天后，王冬雷和吴长江在其珠海办公室内进行了一次面谈，面谈内容被王录音。在录音里，吴长江亲口承认自己在澳门有 4 亿元赌债，每个月要还 1000 万元利息。

7 月 18 日，吴长江在离开王冬雷的办公室后，立刻赶到了上海，召集了雷士照明的 5 位核心经销商——他们也是吴长江与阎焱、施耐德股权之争的助推者。他们筹划着再次上演一回当年的"逼宫"行为，目的是把王冬雷赶走。

很快，吴长江又把全国其他主要的经销商召集在一起，绝大部分经销商都被迫签字，但也有少数经销商在签完字后，立刻给王冬雷打电话，将事情原委告诉了他。

王冬雷得知这场密谋是在 2014 年 7 月 20 日，他立刻给吴长江打电话质问，但吴矢口否认，双方彻底决裂。

8 月 8 日下午，在雷士照明董事会电话会议上，吴长江被免去了执行董事、CEO 职务。作为临时 CEO，王冬雷在投票完成后出现在雷士照明重庆总部，进行交接。

10 月 22 日，惠州市公安局正式对吴长江等人涉嫌挪用资金立案。2015 年 1 月，吴长江因涉及经济案件被羁押。至此，雷士照明内部的第三次"内斗"终于阶段性地降下帷幕。

```
专家点评
```

创业的每个阶段都需做好股权布局

※ 前海股权事务所、中力知识科技认为，雷士照明股权运营失败的原因在于：

吴长江在经营雷士照明的过程中，在股权布局的问题上，缺乏远见及专业知识，导致其股权不断稀释，以致失去控股股东的地位。正所谓"一步走错，满盘皆输"。

首先，雷士照明在创始阶段的股权设计都是碍于哥们儿情面上的股权设计。而后来果然发生了二股东和三股东联合起来反对吴长江，并意图将他驱逐出去的事情。为了保住自己在企业的地位，吴长江不惜给出 1 亿多元的金额让二三股东出局，导致企业元气大伤。后面引发的一系列股权"局中局"，显然与创业初始错误的股权设计不无关系。

其次，企业股东如果股份均等，容易导致没有最终拍板人，一旦发生经营理念上的冲突，企业的决策和发展将会停滞不前。因此，公司在创始阶段就要做好股权设计，选出"带头大哥"。吴长江将股权均分，看似平息了股东间的矛盾，使企业发展得以顺利进行，实则暗流涌动，酝酿更大的矛盾。

最后，从为了缓和同创始股东的矛盾而稀释股份，到为了筹集同创始股东的"分手费"而以股权稀释为代价引进金融资本，再到为了引进产业资本再度稀释股份。在这个过程中，吴长江先是因失去控股股东地位而被金融资本软银赛富和产业资本施耐德联手驱逐出董事会，最后干脆被视为同盟军的德豪润达的王冬雷送进监狱。吴长江创业的故事和其中传奇般的变故，不禁令人唏嘘感叹。

※ 针对上述问题，前海股权事务所、中力知识科技认为：

创业过程是一个持续变化的连动过程，不管是创始阶段引进创始股东，还是引进风险投资乃至产业资本，或是在上市前后，都要提前做好股权布局。既要引进资金、人脉等企业发展急需的相关资源，也要确保企业创始人对企业的话语权。创始人一旦失去对企业的话语权，等待的很可能是被驱逐的命运。

※ 知识点提炼：

1. 前海股权事务所、中力知识科技认为，大股东股比应该大于二股东和三股东的股比之和，才能确保大股东的话语权。创业公司基本的股权设计原则为：大股东股比＞二股东股比＋三股东股比。具体地说，比较合理的股权架构为：70%∶20%∶10%，或60%∶30%∶10%。应避免的股权结构为：均分型33.3%∶33.3%∶33.3%；博弈型35%∶18%∶18%∶29%；创始人吃独食型95%∶3%∶2%；大股东和二股东绑架三股东40%∶40%∶20%或者49%∶47%∶4%。

2. 企业最好在增长期融资，而不是在最缺钱最困难时融资，以免融资机构"趁火打劫"，给予企业很低的估值。软银赛富联手产业资本施耐德入股雷士照明的目的，一是使自己的利益最大化；二是争夺企业的控制权。企业创始人在引进金融资本和产业资本时，首先要了解他们的真实目的和意图，了解他们投资背后的逻辑，提前做好股权布局，以防范他们联手对企业带来的不利。

3. 风投进入企业之后，会与企业签署业绩"对赌"协议，以保证实现其倍增的利益。为了满足要求，企业只有通过并购等方式增资扩股，扩大业务范围。在扩大产业布局的过程中，企业家要提前做好股权和控制权的规划和设计，预先规划资本路径。假设企业未来要上市，企业家需要清楚其将被稀释的股份比例，以及达到"对赌"业绩目标要完成的营业额。企业同风投签署"对赌"协议时，要综合考虑业绩是否能完成。在引进风险投资的问题上，切忌"病急乱投医"。

4. 风险投资的存续期规则一般是6—10年，往往在第四年的时候就已辅导企业上市。企业上市后，一般都会套现退出。假如风险投资并没有急于套现退出，而是引进其他产业资本，一是稀释了创始人股份；二是减少创始方在董事会中席位比例。此时，应该引起企业创始人的警惕。对这样的问题，要提前做好股权布局，以免陷入资本方的布局中。

第二节 《罗辑思维》：
从"合伙"到"散伙"的股权"逻辑"

股权设计不合理是初创公司最容易出现的问题之一。要么讲哥们儿义气股权平分，要么一股独大，小股东忍气吞声。因为股权设计不合理，导致企业发展中途夭折，或者合伙人分道扬镳甚至反目成仇。

随着《罗辑思维》这档节目的"火爆"，引出了更"火爆"的新闻，《罗辑思维》的两大合伙人"分手"了。然后更"火爆"的还在后面，这场"分手"是缘于悬殊较大的股权比例。于是很多人都在替这档节目的"当家花旦"罗振宇抱不平。其实，从一个新事物的成长过程来看，不难想象《罗辑思维》在"火爆"前的"稚嫩"和缺乏包装，也不难想象当初这档节目的不确定性以及出资人需要承担的风险。那时候，唯有富有经验及创新思维的操盘手才能迅速把《罗辑思维》推到大众的视野范围。替罗振宇打抱不平的人越多，说明幕后操盘手越厉害。

因持有相同的梦想并因规避风险的需求而合伙，因利益分割不均而分手。因为当初没有预料到未来的走势，少了许多约定和约束，最终分手成为必然。

成功后变得"致命"的股权结构

2014 年 5 月 17 日，被称为"互联网知识社群第一品牌"《罗辑思维》的创办者罗振宇和运营商申音友好地"分手"了。"分手"的原因，是罗振宇想"独立"运营这个品牌，对此外界众说纷纭。有人指责罗振宇翅膀硬了，想甩掉"老东家"。有人指责申音，当初合作时太"黑"，两人所占股份比例悬殊太大。做内容的罗振宇只占了 17.65% 的股份，而作为大股东的运营商申音竟占到 82.35% 的股份。

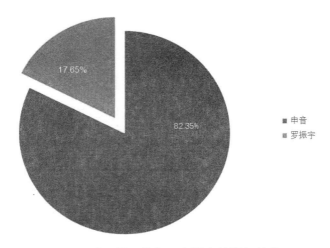

图 9-2-1《罗辑思维》两大股东的股权结构

其实，《罗辑思维》上线仅半年的时间，就达到 200 万粉丝的规模，申音功不可没。有人这样评价道：《罗辑思维》的商业成功，固然跟罗振宇幽默诙谐的语言风格和知识品质有关，但没有幕后推手申音，《罗辑思维》未必能很快做大。

在合伙人的选择方面，两人是符合"分工明确，各有特长"这一关键点的。但悬殊很大的股权比例让很多人无法理解，认为"不合逻辑"，认为这已经为以后的分手埋下伏笔。这样的"不解"，是从《罗辑思维》已经被包装成"明星节目"闯入公众视野之后发出的，还是在《罗辑思维》成名之前，亦或是在它还在襁褓中的时候呢？带着这样的思考，人们还会如此无法理解吗？

我们来看一下当时的情形。申音早就是传媒界名人。早在 2007 年、2008 年，申音随牛文文离开《企业家》杂志，创立《创业家》杂志，担任首任主编。2010 年，申音离开《创业家》杂志，投身到社会化媒体的创业大潮中。2011 年 10 月，申音出资成为新势联合北京公关顾问有限公司（B 公司）的大股东，2012 年 8 月，他全资收购这家公司，成为唯一股东。

2012 年，申音和罗振宇一拍即合，共同推出罗振宇主播的一档"脱口秀"节目。其运营模式很特殊，是一种类似"众筹"的筹资模式。可以说，这档"脱口秀"节目改变了媒体的形态。

在申罗二人合作期间，总共发布了两次"史上最无理"的付费会员制：普通会员，会费 200 元；铁杆会员，会费 1200 元，不承诺任何回报。谁也没想到，人们竟然如此愿意养活一档自己喜欢的自媒体节目。会员招募的第一天就招募了 5000 多名交 200 元的普通会员、1000 多名交 1200 元的铁杆会员，一天收入 200 多万元。2013 年底，《罗辑思维》微信粉丝约 150 万，进行了第二批会员招募，吸引了将近 2 万名普通会员和 5000 名铁杆会员，收入近 1000 万元。

按照主讲人罗振宇的说法，自己读书的积累毕竟有限，需要找来自不同领域的牛人一起玩。《罗辑思维》每周五的视频节目策划选题，由老罗来"掉阄"。用这种运作模式，到 2014 年他们分手时，《罗辑思维》已经有了 200 万粉丝，成为中国互联网知识社群第一品牌，引起投资人的关注，据说已有投资人给出 1 亿元的估值。

当初两人合作时，谁也没有想到这档节目会这样火爆。他们当初只是抱着试一把的心态来合作的。作为大股东的申音承担着主要风险，假如他们知道运作下来的成长势头，罗振宇无论如何都不会同意只拿不到 20% 的股权，申音也无论如何都会跟罗振宇签署约束协议，不会让他做大之后轻易飞走。

2014 年 5 月 18 日，申音发微博说：《罗辑思维》是我和罗老师共同创建的独立新媒体公司其中一个项目，因为大家支持团队努力，仅一年半就有 200 万微信用户，视频也有过亿人次观看。由于对未来发展方向各有想法，罗老师有意独自运营这个项目，诸多事宜我们仍在一一协商，一切都会以我们的用户和合作伙伴为重，一切都会有礼有信有量。

罗振宇同样发微博作出回应：当时张伟平和张艺谋闹分家，还在想张艺谋为什么一言不发。时过境迁才发现，手艺人还是拿手艺说话，其他都是扯。

有人说申罗两人之间签署的股权结构"致命"，是说他们分手的时间就是《罗辑思维》做火起来的那天；说"不致命"，是因为在《罗辑思维》还很弱小，在需要投入巨资做市场铺垫的时候，在营销为王的时候，做内容的只好审时度势占小股，慢慢运作成就自己。

"合伙"时就要考虑"拆伙"

从申音的角度来说，自己一手做大的产品，火了后就散了，说不遗憾是假的。"分手"也好，"不分手"也罢，都是围绕"利益"二字。与其等到做大以后再协商修改协议条款，不如在当初就考虑好、设计好。因为股权结构并不单单是拿多少钱、分多少利益的问题，股权结构其实是一个公司的灵魂和基础，如果设置不好，就谈不上有良好的公司治理。不良的股权结构会直接影响到公司未来的发展，甚至会导致公司股东对簿公堂，由合作伙伴变为敌人。

合伙创业首先要考虑一下，哪些人能成为合伙人。具体来说，合伙人有以下三个标准：

第一，资源、能力互补。

不是说有钱就能成为合伙人。一定要资源互补,取长补短,谁也不能缺了谁,才可以成为合伙人。比如有人擅长做内容,有人擅长做推广,有人擅长做技术,有人擅长搞管理。像申音和罗振宇,就是一对黄金搭档。

第二,要能够"背靠背"。

也就是能够处理好"台前"、"幕后"的关系。做到"前面的事情我来处理,后面的事情你来处理"。在这种情况下,才能形成一个比较好的共同体。

第三,一定要共同出资。

很多创业团队的合作伙伴中都有这样的现象,有的人没有钱但有技术或者懂管理,这种情况当然可以合作,但凭能力入股不如共同出资,这样才谈得上共担风险。出钱和不出钱意义不一样,在团队的身份和地位也就不一样。

同时,合伙创业要设计好股权结构,对合作各方形成有效激励。要注意绕开以下误区:

误区一:创业初期股权分配意识淡薄。

合伙人不仅要有软交情,而且还要有硬利益,才能走得更长远。只讲交情不讲利益,或只讲利益不讲交情,都有可能陷入麻烦和纠纷。大多数创业公司在创业初期,创始成员只顾在一起埋头苦干,没有多想自己的股份比例。等到公司日益壮大,前景日益清晰时,早期的创始成员才开始关注自己的股份比例,这个时候再去讨论如何分配股权,为时已晚,矛盾因此爆发。

误区二:完全按照出资比例分配股权。

股权比例要分资金股和人力股,创业公司不仅要把资金股和人力股分开,而且在知识经济时代,人力股占的比例还不能低,否则就不能激励其发挥出最大潜能。

误区三：合伙人股权没有退出机制。

没有股权退出机制，最容易让创业合伙人产生股权纠纷。一般来说，人力股至少要与3至4年服务期限挂钩，甚至与核心业绩指标挂钩。途中退出者按照既得部分处理，后续与之毫无关系。

误区四：不给未来员工预留股权。

公司的发展需要人才，而股权是吸引人才加入的关键手段。创始团队最初分配股权时，应该预留一部分股份放入期权池，用于持续吸引人才与进行员工激励。

专家点评

要长远考虑"股权架构"

※ 针对《罗辑思维》两大股东分手的原因，前海股权事务所、中力知识科技认为：

《罗辑思维》两大股东罗振宇和申音是因为股权结构不合理而分手。此事在《罗辑思维》的"粉丝"中引起很大的轰动。很多人为做内容的罗振宇抱不平，但他们没有想到，当初《罗辑思维》还没有"粉丝"的时候，意味着这档节目投入市场会有很多不确定性。那时是做营销推广的申音在市场还没有肯定时先对这档节目给予了肯定，并投入资金进行运作。从市场风险的角度考虑，合作时的股权结构没有什么问题。问题出在没有考虑退出机制，或者约束机制。幸好双方是友好分手，没有造成过多的不愉快。

※ 针对上述问题，前海股权事务所、中力知识科技认为：

从企业发展的长远角度来看，企业控制权与经营决策权的相对稳定有利于企业的长期经营及未来在资本市场的发展。而创业公司早期的股权架构设计往往忽视了后期相关利益各方在控制权和经营决策权上动态的变动。因此，在公司股权架构设计时，应把未来的发展考虑进去，如公司的长期战略规划、各股东在战略发展中的定位、未来公司的利益分配、公司未来的长期布局、对员工股权激励池的预留等，而不是等到企业发展了，项目做大了，再撕破脸考虑分手另觅合伙人的事。

※ 知识点提炼：

前海股权事务所、中力知识科技认为，股权的设计需要充分平衡公司运营的顺畅度与股东决策权的分配。股权设计过于集中或过于分散都会导致公司运营中难以高效决策，特别是股权过于集中难以保证各股东的权益。缺乏战略部署的股权结构会影响公司的运营和发展，甚至做不大、走不远，即便做大了，分手又成为必然。

当然，考虑退出机制也同样重要，没有人敢保证合伙人能一路走下去。在公司还不值钱的时候就要考虑退出机制。所有条款都需要把细则写进去，以保证在项目的运作中以及项目发展的各个阶段都有章可循，不至于因为当初考虑不周而影响项目运作。

※ 典型案例

腾讯有 5 个创始股东：马化腾、张志东、曾李青、许晨晔、陈一丹。他们 5 个人凑了 50 万元的创始资金，其中马化腾占股 47.5%，张志东占 20%，曾李青占 12.5%，其他两位各占 10%。几经稀释后，他们所持的股份比例只有当初的 1/3，而他们的身家却都以 10 亿为单位来计算。

早在 1998 年马化腾就有团队合作而不是单打独斗的意识，同时，在股权架构上也设计得十分合理。这使得腾讯在以后的发展中，无论是融资还是对员工进行股权激励，都没有影响这 5 个合伙人的关系。

马化腾有句名言：选对合伙人模式，将会成就一批千万富翁。腾讯的确做到了这一点，高管和员工中出现众多千万富翁。企业从初创时就设定好股权架构，对后期的发展无疑能起到推动作用。

第三节 众筹咖啡：
对"股东"缺少约束机制

"股权众筹"借助互联网的力量，以一纸商业计划书就能融到资金，吸引众多的人来做同样的事，这种发展模式无疑是创业取得成功的捷径。

但我们却看到了很多失败的众筹项目：长沙的印象湘江世纪城店，号称最大的众筹餐厅，93 个股东，众筹 100 万元，一年后倒闭；北京的 HerCoffee，66 位海归白富美，众筹 132 万元，开业一年后倒闭；武汉的 CC 美咖，50 位美女股东众筹 100 万元，3 个月后关店；东莞的很多人咖啡馆，141 人参股，筹资 62.5 万元，一年后倒闭；杭州的聚咖啡，110 人众筹 60 万元，运营一年半后倒闭。

诸多众筹项目的失败，往往是由于没有解决股权问题，以致最后产生了股权纠纷，导致公司难以继续运作。解决方案是用传统观念来做新事物，即按照传统企业的股权构架来做"众筹"企业，在解决资金问题的同时，为企业的顺利发展保驾护航。

"众筹"筹来"难缠的股东"

公司出让一定比例的股份，面向普通投资者，投资者通过出资入股公司，获得未来收益。这种基于互联网渠道而进行融资的模式被称作股权众筹。

　　"众筹"2009 年起源于美国，2013 年国内正式诞生第一例股权众筹案例。2014 年被称为中国的众筹元年。那一年，很多通过"众筹"的方式融资的企业如雨后春笋般遍布全国各地。很多有梦想的人为此兴奋不已，认为通过"众筹"这个融资平台能够实现自己的人生梦想。谁知一年多之后，很多项目撑不下去，纷纷倒闭。发起人没有赚到钱，那些投资的"股东"们也血本无归。

　　曾经发起三家"魅咖"众筹咖啡的邱志达，苦苦支持到 2017 年，陷入与股东间的纠纷中。他因为单方面宣布咖啡厅解散，连续"吃"了好几场官司。当初的一腔激情变成了"引火烧身"，陷入"散也不是，不散也不是"的两难困境中。邱志达深感"众筹"模式和传统经营完全不同。

　　邱志达的三家众筹咖啡厅都是以股权认购的形式筹集社会资金。每家咖啡厅的众筹股为 100 份，每份为 2 万元，享有 1% 的分红权。不仅股权平均，每股里还包括很多"福利"，众筹股东每年可在咖啡厅享用 80 杯免费咖啡，并拥有咖啡厅公共区单独座位的无限使用权，用于会客或接待亲友。每个季度，咖啡厅都会根据实际的经营状况，将盈利按各股东所占股比分红。

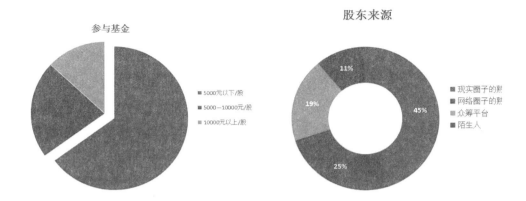

图 9-3-1 众筹咖啡股东情况

咖啡厅每天都是座无虚席，那些"客人"实际上却是"股东"们带来的亲友，是来享受"福利"的。没有客源，咖啡厅很快陷入亏损状态，难以为继。为了维持日常运作，邱志达只好用相同的方式又开了两家咖啡厅，用后面筹来的钱来填补第一家咖啡厅出现的"坑"。为节约成本，第二、三家咖啡厅的装修都非常粗糙简陋。

为了盈利，邱志达动用有限的资金在网上进行宣传推广，希望三家咖啡店得到客源。但宣传吸引来的不是客户，而是更多希望加入项目的众筹投资者们。这样，邱志达继续靠卖股权"筹资"，表面上看似风光无限，其实里面的"坑"越来越大。咖啡店在经过精简团队、变卖设备、降级食材后，依然无法遏制亏损。

当初，发起人曾为融来的资金沾沾自喜，以为有了资金就有了利润。投资者也暗自兴奋，以为从此年年都会有倍增的收入。结果双方都是竹篮打水一场空。

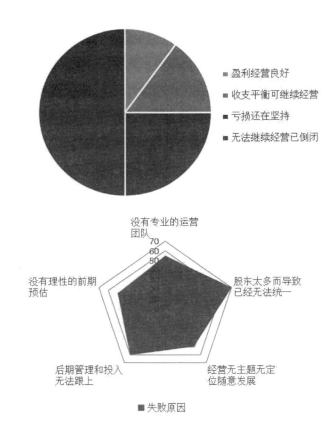

图 9-3-2 众筹咖啡经营盈利情况统计

从商业模式上来说，众筹咖啡其实不是以咖啡为卖点，更多是通过咖啡、红酒、书籍、茶道等高雅的载体，形成特定的圈层文化，并以此拓展更多的增值业务。如投融路演、项目发布、种子孵化、知识交流等。按照设想，"众筹"的股东们会被未来收益所激励，主动带来"人脉"，依靠这些"人脉"形成的圈子氛围，就能把咖啡厅带火，但事实上并未如此。这些股东所处的行业不尽相同，他们的素养、兴趣、爱好各不相同，这样的差异导致无法培养出良好的圈层文化。

除此之外，股权众筹还存在公司治理的重大隐患。这些"股东"们其实大多是没有经营管理经验的人，但在股权均等的情况下，他们的股权加起来超过了发起人，会时常指责咖啡馆的经营，如果发起人想要搞咖啡馆以外的事来增加收入，都会遭到他们的反对。许多股东还会"抱团"介入咖啡馆的日常管理和决策中，甚至仗着股权"欺负"发起团队和运营团队，最终导致许多业务无法正常开展。

例如"魅咖"的邱志达，当他花重金聘请了专业的咖啡调制团队，期望为顾客提供口味更醇口感更好的咖啡的时候，他发现这一切除了增加成本外并没给咖啡馆带来更多的客流。随后他想将场地租出去做路演和沙龙，结果还没有施行就引起部分股东的不满。他们认为这样会使咖啡馆的品位变低，有的股东认为这种未经他们知晓就拓展新业务的做法是对他们的不尊重，还有的股东指责运营团队无能，并因此鼓动其他股东，要求召开股东会议介入咖啡馆的经营管理。

股东大会召开后，股东们都是各自为政，打着各自的如意算盘，根本无法达成共识。商业需要想象力，但商业同样需要理性和逻辑，这种"人多口杂"的经营管理，完全与公司治理的基本原则相悖。

股权众筹是本着互联网的精神搞民主、平等，不仅股权在数量上一样，权力和利益上也要一样。然而，对于"魅咖"来说，正是"商业计划书"上给出的诱人的"平等"权益，成了压垮项目的最后一根稻草。

在没有客源的情况下，"魅咖"兑现免费的 80 杯咖啡的会员权益都已经难以为继，更不要说分红。最终，发起人债务缠身，焦头烂额；同时那些以为入股就能分红的股东们，除了花 2 万元喝了 80 杯咖啡外，什么也没得到，他们喝的是"天价"咖啡。昔日的队友因此变成对簿公堂的敌人，双方都陷入一场股份制融资带来的麻烦中。

即便"众筹"也要有"带头大哥"

中国有句古话：众人拾柴火焰高。众筹模式的出现，迎合了许多人的以小博大的致富梦，因此受到热情追捧。但随着全国各地众筹餐厅、咖啡厅的纷纷倒闭，人们开始质疑众筹这个商业模式，"众筹"变成"众愁"，甚至"众仇"。

人们创业搞项目，通常不愁没市场，资金才是最大的难题。在许多人的头脑里，有了资金就等于有了一切。但是通过众筹拿到资金之后，新的问题又出现了。以下是"众筹"模式下人们容易陷入的几个误区。

误区一：民主决策。人们通常认为，众筹人数多意味着支持者多，人脉广，办事也就越成功。但在"人多口杂"的情况下，一个好的项目往往会偏离正确的发展轨道，陷入万劫不复的境地。

因此，众筹对资金话语权应该是有约定的。公司的大股东最好持有公司一半以上的股份，此外应该按照传统的办法，成立董事会，确立"带头大哥"。不管是从先天的资质还是从后天的教育来说，人和人在学识和能力上都是不一样的。对于一个公司来说，把权力集中在少数优秀者手里，比分散表决更科学。低效的民主表决，不如变成追随强者，这样更具有现实意义。

误区二：权利义务不明确。大多数"众筹"商业计划书并没有明确的权利义务。所谓"亲兄弟，明算账"，在筹钱的初始就应该把"责、权、利"明确清楚，否则不管是项目失败还是成功，都会因为利益之争而陷入无休止的纠纷中，最终不欢而散。

误区三：对众筹股东不做选择，给钱就让加入。首先，要选择在价值观上互相认同的；其次，要从资源、能力和热情度上来考虑；最后，股东要设定退出机制。

误区四：以短时间赚钱为目的做股权众筹。任何一个急功近利的商业产品，长远来看都不会取得好的结果。要科学理性地分析取舍，切忌盲目跟风。

专家点评

"融资"更要"融人"

※ 前海股权事务所、中力知识科技认为，众筹咖啡在创办的过程中，主要存在以下问题：

"众筹"模式是通过互联网进行融资，为了体现互联网的平等、民主精神，"股东们"都持有相同的股份，拥有同样的权利。结果，那些因为没有设计好的股权结构，比如缺乏"带头大哥"的"众筹"项目纷纷关门歇业，难以为继。

※ 针对上述问题，前海股权事务所、中力知识科技认为：

"众筹"模式和传统商业模式没有什么两样，都需要在确定商业模式后做好以下几点工作：一是股东和管理者之间的约束机制；二是经营的收支监督机制；三是市场化企业运营制度。简单说来就是收支透明化、运营市场化、机构规范化。

※ 知识点提炼：

中力在长期的实践中形成了"4321"的产业链激励法。

"4"指的是产业链激励的四阶模型。一是讲清楚股权价值，要求按四个步骤进行：商业模式、战略规划、股权筹划和股价测算；二是明确合作要求，包括市场策略、业务布局、合作办法和业绩要求等；三是明确进入机制、行权机制、退出机制、支付机制、购买股权的机制，包括未来的合同等机制系统；四是启动签约，包括培训、统一、宣传、造势、签约文件、仪式的设计。

"3"指的是产业链激励三大方式：一是分红激励或者是虚股激励；二是对产业链伙伴的期权和期股激励；三是独特的、针对产业链的股权众筹方法。股权众筹是当下兴起的一种融资模式，投资者通过互联网众筹平台挑选项目，并通过该平台进行投资，进而获得被投资企业或项目的股权。股权众筹与其他形式众筹的区别是融资人向投资人提供的回报是否主要是股权形式。

"2"指的是产业链激励的两个原则：一是公平公正的原则；二是定期总结的原则。因为产业链激励是对外的，如果不是一碗水端平的话企业就失去了公信力，公平公正原则一旦打破很难复原。定期总结的目的在于不忘初衷。

"1"是产业链激励的一个中心，即把股权价值做大。

※ 典型案例

"众筹"模式就是凭借一份商业计划书通过互联网筹资的一种运作模式，在这个过程中，不仅要筹资，也要筹人、筹资源、筹市场。像3W咖啡采用向社会公众募集资金，每人 10 股，每股 6000 元，相当于每人交 6万元。但做3W的股东是有一定条件的，并不是交 6 万元就可以。3W通过"众筹"的模式，募集到互联网创业和投资圈的一些顶级人士：如去哪儿创始人庄辰超、红杉资本沈南鹏、新东方联合创始人徐小平、创业家杂志社社长牛文文等，能够筹集到如此多顶级人脉资源的咖啡馆完全已经由一个盈利场所变成一个创业孵化器，或者说成为一个创新项目的孵化场所。

尾 声

股权激励是一项系统工程

作为一种备受推崇的激励工具，几十年间，围绕股权激励所上演的不仅有励志剧，也有闹剧，甚至还有悲剧，正所谓，成也股权激励，败也股权激励。

《股权激励你不能做》是前海股权事务所、中力知识科技股权激励丛书的重要组成部分，书中列举了大量股权激励的闹剧与悲剧，针对每个案例的具体点评和分析，有助于计划实施股权激励的企业少走弯路——优秀的企业不仅会从自身的错误中学习，还能从别人的错误中汲取教训，从而实现加速成长。

前海股权事务所、中力知识科技认为，股权激励的实施过程无异于企业的二次进化，正确而坚定的股权激励战略能够让企业脱胎换骨，实现自身的完美蝶变。只要企业真正将股权激励当作一项重要的系统工程去建设，终将会见证这种制度的威力与价值。

为什么股权激励是系统工程？一个系统由很多要素组成，缺一不可，在本书中我们看到了许多"一着不慎、满盘皆输"的案例：

有的企业因经济形势恶化或股票价格低迷而停止股权激励，如中联重科；有的企业因股权激励约束条件、退出机制设计不合理，导致股权纠纷并对簿公堂，如雪莱特；有的企业因控制权之争而引发家族内斗，如真功夫；有的企业因股权结构设置不合理，融资后创始人被迫出局，如汽车之家；有的企业在融资过程中遭遇产业资本、金融资本联手蚕食，如雷士照明；有的企业因为创始人夫妻离婚"分股"，影响了公司经营和上市，如土豆网……即便像万科、苏宁这样的行业巨头也经历了数次的股权激励失败。

想要规避本书中这些触目惊心的失败风险，企业的股权激励必须进行全面立体、着眼长远的系统思考与缜密设计，然后综合统筹、分步实施。

首先，企业实施股权激励，不仅要遵循激励对象的匹配、方案的匹配，还要与公司的顶层设计相关联，它包括商业模式、战略规划、组织规划、人力资本发展、公司治理、企业文化、资本路径（产融规划）等多方面内容。

商业模式是股权激励的源头和原点，企业必须不断优化商业模式，理清企业创造价值的商业逻辑。

组织规划解决组织需要何种人才、如何进行岗位价值评估、如何进行人力资源规划、未来人才如何储备等关键问题，这些问题显然与股权激励密不可分。

产融规划则是实现外部激励的手段，在此规划之下，可以实现产业链合纵连横的整合资源，解决企业股权价值发展的问题。

其次，股权激励要与公司的战术系统相关联，具体来说是要结合企业实际，在不同的发展阶段将它与人力资源系统结合起来，并与绩效管理、薪酬管理和员工成长等因素相匹配。

最后，股权激励要与自身系统相关联，无论企业采用何种股权激励方案，复杂也好简单也罢，都必须把进入条件、行权条件、退出条款、其他约定事项等形成正式法律协议文本，应该将股权激励各个环节都设计清楚，准备妥当，一个都不能少。

此外，任何组织脱离不开时间和空间两大因素，在进行股权激励这一系统工程的设计时，一定要与时空因素相关联。

首先，时间与变化相关联，以变化为本质，企业所面临的内外部情况随时处于动态发展之中，企业实施股权激励需要考虑内外部多方面因素的变化，比如企业实际发展状况、战略战术目标的调整、组织结构的变动、被激励对象的既往贡献与未来可能贡献的权重比、企业现金流的状况改变等。

其次，要理解亘古以来人性中的时间感，把长期激励和短期激励相结合。股权激励作为一种长期激励机制的优点在于，其一旦被真心信任与接受，就能让员工的心彻底安稳下来，愿意与企业为了同一个理想而共同努力。其弊端在于延期满足，大体而言是有悖于人性的。如果股权激励实行的时间过长，员工一直不能兑现实际的报酬，员工很可能逐渐与公司离心离德。同时，由于现阶段我国资本市场发展不健全，股价时常难以真实反映员工业绩，行权条件难以达到，容易打击员工的积极性。因此实施股权激励，既要仰望天空，也要脚踏实地；既要远方的理想，也要今天的面包，将长期激励与短期激励进行有机结合。

最后，股权激励要与中国的法制环境相关联，实现企业与自身所处空间的和谐。如今无论是税收环境还是法制环境都越来越规范，执法也越来越严格。有些公司就是因为股权激励过程不合法、不规范，最终导致公司无法上市。企业实施股权激励必须遵守相关的财税政策、法律法规以及针对企业不同阶段的行政条款，上市公司有上市公司的股权激励管理办法，国有上市公司则有国有上市公司的相关管理条例，无论经营企业还是实施股权激励，都必须严格遵守国家规定，不要抱着钻空子的心理，冒着违法违规的风险进行任何企业活动。

　　阅读本书的诸多失败案例之后，相信大家对股权激励是个系统工程这一论断会有深刻体会。关于股权激励作为系统工程的理论阐述和实操方法，我们将在《股权激励你不会做》和《基于顶层设计的股权激励》这两本书中进行全面深入的介绍，敬请关注。

前海股权事务所 》》》

中力知识科技成员机构，**中国股权激励领先品牌**。帮助企业解决股权激励、股权架构布局、控制权设计、股份改制、股权并购重组与上市、股权价值管理等一揽子股权事务的股权运营专家。

前海股权事务所在股权激励领域研究和服务范围广泛，涵盖了股权激励与顶层设计、领导力、组织效能、合伙人机制、股东精神与企业文化、产业链整合、企业上市与法律法规等知识体系的融会贯通，深度解决企业股权激励根本性和系统性问题。

前海股权事务所注重科技创新，研发并推出了"股角兽"股权智能平台，通过软件、互联网、云计算、大数据方式，为企业提供股权激励与股权管理智能解决方案。

前海股权事务所积极关注社会公益，2014 年至 2018 年连续承办了50 余场《基于顶层设计的股权激励》公益辅导班（4 天 3 晚），并定期发布《中国股权激励白皮书》和举办"中国股权激励高峰论坛"，引领行业发展。

深圳中力知识科技有限公司 》》》

创新驱动综合服务机构，聚焦管理创新、产业创新和科技创新服务，是集学术研究、培训咨询、会员服务、产融服务、商业智能服务、科技服务为一体的创新型智库和平台，为客户提供知识、资本、生态的高附加值服务。公司在北京、上海、广州、成都、无锡、南昌等地设有分支机构。